会思考的孩子

林欣浩 著
隋军 绘

晨光出版社

果麦文化 出品

目录

① 世界上
有绝对正确的事情吗?
001

② 怎么让人生
拥有更多可能?
011

③ 谁才是最值得
交往的朋友?
017

④ 好朋友和我绝交了,
怎么办?
023

⑤ 该不该做一个
合群的人?
029

⑥ 在集体里
一定要随大流吗?
037

⑦ 被很多人喜欢
重要吗?
043

⑧ 被集体孤立
怎么办?
051

⑨ 如果得不到表扬,
还要不要做好事?
059

⑩ 是不是只有小孩子
才分对错?
067

⑪ 好人永远都不会
做坏事吗?
073

⑫ 为什么我总是
抹不开面子?
081

⑬ 面试的时候
应不应该说实话?
089

⑭ 怎么劝说父母
给我更多自由?
097

⑮ 什么才是自己
真正想做的事?
105

⑯ 如何保护自由
不被破坏?
115

⑰ 如何用哲学
打败一只幽灵?
123

⑱ 如何识破
别人的空话?
133

⑲ 赢得辩论的
秘诀是什么?
141

⑳ 怎么快速学会
魔法?
151

㉑ 遇到复杂的问题
要怎么解决?
159

㉒ 怎么治疗
拖延症?
167

㉓ 在很多人面前丢脸了,
该怎么办?
177

㉔ 怎么改变
过去?
185

㉕ 怎么面对
不可预知的未来?
193

㉖ 什么是
幸福的生活?
201

㉗ 应该追求
不切实际的梦想吗?
209

㉘ 我是谁?
215

㉙ 我从哪里来?
223

㉚ 我向哪里去?
229

① 世界上有绝对正确的事情吗?

世界上有绝对正确的事情吗?

有一个词人们天天都在说，它代表了人类最高级的智慧。这个词就是"为什么"。

对每一件事，你都可以问一句"为什么"。比如："天空为什么是蓝色的？""宇宙为什么这么大？""我为什么要上学？""生活为什么总会有挫折？""人为什么活着？"……可不要小看这些"为什么"。对同一件事，你问"为什么"的次数越多，思考的程度就会越深。

比如，很多小朋友都问过爸爸妈妈："我为什么要上学？"

大人可能会回答："因为上学可以学到知识，只有学好知识才能考上好学校，将来才能找到好工作，才能赚很多钱啊。"

对这个回答，你可以继续追问"为什么"："那我为什么要赚很多钱呢？"

大人可能会说："赚了钱就可以做自己想做的事。"

你还可以继续问:"为什么赚了钱就可以做自己想做的事呢?"

有些大人会觉得,问到这里就不需要回答了——谁不愿意有很多钱,买自己想要的东西,做自己想做的事呢?你如果非要打破砂锅问到底,大人就会觉得你是在胡搅蛮缠。

可是哲学家们不一样。如果是哲学家听到你的问题,他们会为你鼓掌。因为当你问出一句又一句"为什么"的时候,已经来到了哲学的地盘。哲学家们会过来拍拍你的肩膀说:"这个问题问得好。一般人觉得只要有钱就能做自己想做的事情,但他们其实从来没有认真思考过,他们想用钱做的那些事,到底是不是内心真正想做的呢?"

比如古希腊的哲学家苏格拉底会告诉你,人生最重要的东西不是钱,而是"理性","未经理性审查的生活是不值得过的"。如果一个人不能用理性控制自己的欲望,那无论有多少金钱也只是欲望的奴隶。中国战国时期的哲学家庄子会告诉你,有钱并不能让人变得更自由。应该追求的不是拥有金钱,而是不依赖金钱,乃至不依赖任何东西。一个人不依赖的东西越多,他就越自由。所以一个心满意足的乞丐要比患得患失的富翁更自由。

——面对这些哲学家的回答,你依然可以继续追问"为什么",你可以继续质疑苏格拉底和庄子的答案。你的"为什么"问得越多,对哲学的思考就越深刻。

当然,这么一直问下去很招人厌烦。

世界上有绝对正确的事情吗？

举个极端的例子。你在和大人辩论的时候，随时都可以问一个能让人哑口无言的问题：

"你为什么认为你一定是对的？"

这个问题很容易让大人抓狂，因为它很难回答：这个世界上没有绝对完美的人，每个人都有可能犯错。连爱因斯坦那样超级厉害的物理学家，在自己擅长的领域还会犯错，谁敢保证自己就一定正确呢？大人也不是绝对完美的人，从理论上说，他们也有可能犯错还不自知，那又凭什么能理直气壮地批评我们呢？反正无论大人怎么辩解，你一律都可以再问一句："你为什么认为你的辩解一定是对的？"这么一连串地问到最后，大人会怎么应对呢？

在现实世界里，大人多半会发火。在他们看来，你这么追问就纯粹是抬杠，就是无理取闹。

可如果你生活在哲学的世界里，这里的每一个人都严格遵守逻辑，那么大人真有可能被你问住。因为在逻辑上你的话并没有错。

那这么一来，你便通过哲学找到了一个无敌的辩论武器，你可以对任何观点提出质疑——世界上所有的老师、书本，都有可能是错的，试卷的答案也不一定百分之百正确。那阅卷老师凭什么扣你的分呢？他们凭什么说你的答案是错的呢？

这种感觉实在太爽了！然而一个可怕的念头悄悄升起：既然没有任何想法绝对正确，那你如何确认"自己现在的想法"就是正确的呢？如

果你脑中冒出的任何想法都有可能是错的，那又该怎么生活呢？

——哎，有点儿乱了吧？别着急，这个想法一点儿都不乱，它是哲学上的一个经典主张，叫作"**怀疑论**"。怀疑论者不愿意轻信任何现成的说法，用最挑剔的眼光质疑一切。比如有一位叫作"笛卡尔"的法国哲学家，他认为一切事情都可以被怀疑。他甚至怀疑自己眼前的整个世界都是幻觉，他从出生以来见到的一切东西也许都是一个恶魔变出来骗他的。还有一些科幻电影和小说，甚至假想我们眼前的整个世界都是计算机虚拟出来的信号，我们只是生活在一堆虚拟信号里。

怎么反驳这种假设呢？其实从逻辑上很难反驳。无论你提出任何反驳的证据，笛卡尔都可以叉起腰对你说："你的证据也是恶魔变出来的！"可要是真的相信了笛卡尔的质疑，真去怀疑日常生活里的一切，那也很麻烦——那就没法正常生活了呀。我们一定要找到自己能确信的东西，这也是哲学家的任务。

说白了，哲学家很喜欢搞破坏，喜欢怀疑一切。但是除了破坏，哲学家还要搞建设，要在怀疑的废墟上重新建立思想的大厦。用什么材料来建造这座大厦呢？对我们普通人来说，有两个最合适的材料。

回到刚才和大人争论的那个场景。假设我们在辩论中获胜了，大人不得不承认这个世界上的一切事情都可以被怀疑。我们很得意，这时，我们的肚子饿了，"咕咕"直叫，不久胃里就火烧火燎，难以忍耐。此刻妈妈端来一碗饭，是我们最爱吃的饭，热气腾腾、香味扑鼻，只要端起来立刻就能饱餐一顿。如果是你，你会先把饭吃了，还是继续坚持怀疑论呢？你会不会怀疑这碗饭是假的呢？会不会觉得这碗饭没准是计算机虚拟出来的，一吃就会受到系统惩罚呢？或者怀疑眼前的妈妈是外星人变的，这碗饭其实是外星人的毒药？

按照严格的怀疑论，这碗饭可能有无数潜在的危险。问题是，如果我们是在平常的家里，面对平常的妈妈，吃的是一顿平常的饭，我们还需要坚持这样的怀疑论吗？就算坚持怀疑，又能坚持几天呢？饿到一定程度，我们一定会放下怀疑论，先把这碗饭吃了再说。就在我们决定张嘴吃饭的那一刻，怀疑论已经不攻自破了，我们用实际行动证明我们放弃了怀疑论。同样，我们口渴的时候，不会去怀疑眼前的一杯水；困倦的时候，不会怀疑身下的那张床；伤心的时候，也不会怀疑亲人的怀抱。

眼前的饭、水、床和我们的亲人，我们能清楚地看到他们，摸到他们，这种能看到、听到、摸到的感觉，在哲学中有一个术语，叫作"经验"。我们的日常生活离不开经验。我们构筑可信世界的第一块基石就是经验，尤其是日常生活离不开的经验。

这碗饭是假的吗？

一吃就会受到惩罚

这碗饭是外星人的毒药

是计算机虚拟出来的？

眼前的妈妈是外星人变的？

外星人

可千万别小看"日常生活里的经验",它包含了非常多的东西。比如我们的日常生活离不开电,所以我们很难怀疑跟电有关的知识;而电学又是物理学的一部分,所以我们也很难怀疑物理学;物理学又是现代科学的一部分,我们因此很难怀疑整个科学——我们可以质疑某个具体的科学结论,但是整个现代科学体系、它的理论基础和研究方法,就很难去怀疑了。

这就是为什么我们平时不去怀疑老师和课本。因为课本上的很多内容都是现代科学体系的一部分,而且是离我们生活最近的那部分。我们每天的生活都在验证这些知识是有效的。

——这就是第一个我们很难怀疑的东西:跟我的生活息息相关的经验。

还有一个很难怀疑的东西,是我们对爸爸妈妈、对亲朋好友、对同胞乃至对全人类的爱。我们当然可以像笛卡尔那样,怀疑眼前的亲人也是变出来的幻觉。但我们随时都可以扪心自问:如果现在有人要伤害我眼前的亲人,我会不会特别着急?看见亲人露出笑容,我是不是满心喜悦?当我寂寞伤心的时候,是不是特别想要亲人的拥抱?就算怀疑论说得再有理,对亲人的爱也实实在在地存在我们心里,是我们抑制不住的。这种"道理我都懂,但我就是割舍不掉"的东西,在心理学上叫作"信念"。它不讲道理、不讲逻辑,却是怀疑论无法轻易推翻的。我们心中的正义感,我们对苦难者的同情、对不公正的愤怒;我们对自然万物的爱,对朝霞晨露清风明月的迷恋,对美好生活的向往,都是没道理又割舍不掉的"信念"。

这些不讲道理的信念,是我们建立可信世界的另一块基石。正因为拥有这些难以撼动的信念,我们才觉得世界充满了温度,我们才会爱这个世界。

现在,我们已经拥有两块思想的基石了——经验和信念。在这些基石之上,我们可以建立起自己的世界观,开始以一个哲学家的方式观察这个世界了。在接下来的旅程里,我会带着哲学家们的思想成果,和你一起讨论生活中可能遇到的各种困惑。希望在旅程结束的时候,这些困惑已经烟消云散,世界在你眼中变得更加清晰和美好。

② 怎么让人生拥有更多可能?

怎么让人生拥有更多可能？

我们都喜欢自由自在的感觉，如何才能得到最大程度的自由呢？是不是只要没有大人的限制就好？如果大人只负责照料我们的饮食和人身安全，其他事情都不限制，我们想干吗就干吗，是不是就可以拥有最多的自由呢？

哲学家们会说，这事可没有那么简单。

我们来做一个思想实验吧。你有没有特别熟悉的好朋友？你大致了解他的爸爸妈妈是什么样的人，家里是什么样子吧？现在假设时光倒流，回到你刚出生的那一刻。因为某种神奇的力量，你和你的朋友互换了人生，你出生在朋友的家庭里，变成了他们家的孩子。那么接下来会发生什么？你还会是现在的你吗？

可以肯定的是，有很多地方会变得不一样。比如你的名字肯定变了，可能变成你朋友的名字了。你最爱的父母也变了，变成新的爸爸妈妈了。新的爸爸妈妈教给你知识，对你性格的影响也会不一样，也许你从思想到性格全都变成另外一个人了。

那么这个新的你对一件事做出的选择，和旧的你会一样吗？多半会不一样。因为性格和知识不同，各种人生选择也会不一样了。

这个思想实验提醒我们：改变了生活环境，我们对同一件事可能会做出完全不同的选择，走上不同的人生道路。这个世界这么大，有这么多不同的生活环境，也就意味着我们对同一个问题可能有无数种选择。如果我们只体验过一种生活，只了解自己身边这一点世界，那我们对一件事能想到

的选择，可能只是全部可能性的万分之一。

这就是哲学家们对自由的看法。我们能拥有多少自由，不仅取决于别人对我们的限制有多少（如果爸爸妈妈不限制我们，我们就拥有半夜不睡觉的自由）；也取决于自己能力的大小（我的钱越多，可以做的选择就越多）；更取决于我们能想到的可能性有多少。如果我们能想到的可能性很少，那即便我们有很多钱又没人管，我们还是会局限在很少的选择里，在欲望和虚荣中随波逐流。如果我们能想到的可能性很多，哪怕在有限的条件下也可以拥有很多选择，就像有的人只靠笔和纸就可以玩出成百上千种游戏，有的人坐拥手机和电脑也会觉得百无聊赖。

那有什么办法能增加你心中的可能性呢？哲学家们有一个工具可以帮助你，这个工具叫"逻辑"。

咱们再来玩一个"穿越"的游戏吧。假设你现在穿越到原始时代。你的面前有一个小山崖，有个原始人不小心从山崖上摔下来，受伤了。正好有另一个原始人看到了这一幕。如果这个在一旁的原始人不懂逻辑，他会觉得"有人掉下去"这件事和他无关。因为是别人掉下去了，又不是他自己掉下去了。这一幕他看过后转头就忘了。下次他来到山顶，只有自己也不小心掉下去了，才会知道这个位置有危险，下次不敢来了。但是其他地方有没有危险他还是不知道。

如果这个原始人懂得使用逻辑工具，他看到别人从山上掉下去了，便会用逻辑推理：人从这座山上摔下去会受伤，我是人，所以我摔下去也会受伤。

他甚至还可以继续推理：这座山高，摔下去会受伤；所以从其他高的地方摔下去，人也会受伤。

通过这些推理，这个原始人就把眼前的个别事件推广到全世界。他知道这个世界上所有的人，从所有的高处掉下去都是有危险的。

能把一个片段的知识推广到全世界，这就是逻辑的力量。你可以把"逻辑"想象成马戏团里那种发射星星和彩带的喷射大炮。我们把已经知道的知识塞到大炮里，然后一拉绳，"砰！"，大炮就把五彩斑斓的知识喷射出去，喷得整个世界到处都是。"逻辑大炮"就好像知识的放大器，可以把我们眼前的一点点经验变成适合整个世界的通用知识。

但是光有大炮还不够，还得有供大炮发射的炮弹。炮弹就是从生活中学习到的各种经验和知识。比如你刚才想象了自己出生在好朋友的家里，生活会怎么样。你能想象出来，是因为你对朋友的生活已经有了一些了解。假如现在要你想象自己是一个中世纪的北欧贵族呢？如果没有相关的知识就想象不出来。有一个叫作"休谟"的哲学家说过，人类不能凭空想象。人类只有见过马、又见过翅膀，才可能想象出"飞马"。

所以要扩大我们的世界，除了掌握逻辑外，还要尽可能地吸收知识。因此有些人的梦想不是功名利禄，而是走遍世界的每一个角落，对他们来说，看看不一样的世界比吃喝玩乐更美好。除了亲自出门，阅读经典作品也是一个好方法。经典作品记录了另一个人眼中的世界真相，它们是人类最宝贵的经验。通过阅读，我们把这些经验收藏在记忆的宝库里。将来某一天，我们会通过逻辑大炮把它们变成满天繁星，布满我们精神世界的天空。

上一篇里我们说哲学家最喜欢质疑，质疑是哲学家用来破坏旧世界的武器。旧世界被破坏后，我们用信念和经验建立起新的思想大厦。这次我们说了怎么能让这座大厦不断生长，最基本的方法是关心现实、遵守逻辑。有了这两个工具，我们的思想可以变得无限宽广，我们在精神世界里就能得到真正的自由。

③ 谁才是最值得交往的朋友？

谁才是最值得交往的朋友？

交朋友最重要的品格是什么？是无私吧？肯定有什么名人说过，友情是纯洁神圣的，自私的人不可能交到真正的朋友。

这话当然没错，可是我们今天偏要叛逆一把——来扮演一个超级自私的人。从自私的角度看一看，应该选择什么样的朋友。

因为我们扮演的是自私的人嘛，那么在选择朋友前就要想想，能从朋友身上得到什么"好处"？——是金钱吗？也就是说，我们交了朋友后，靠花言巧语从朋友身上骗钱？或者天天觍着脸求朋友，让人家看在友情的分上送我们钱？

这么干显然很缺德，但是咱们先暂时把道德放一边，站在纯粹自私的角度想一想：这么干划算吗？关键的问题是，朋友之间的交往是相互的。如果我总想着占别人便宜，时间长了，大家都看出我是个自私的人，那谁还会和我继续做朋友呢？所以向朋友要钱只能是一时的，是不可持续的。与其从朋友身上占便宜，还不如让朋友成为自己学习和工作上的伙伴，以后在事业上帮助我们。长期来看，这样赚钱的效率更高。

我们再想想，还有什么益处只能从友谊中得到，别的地方得不到呢？

有一个重要的好处是能得到朋友的帮助。朋友越多，我们解决问题的方法就越多，也不容易被坏人欺负。朋友还可以帮助我们驱散孤独，一起分享快乐，听我们倾诉苦恼。这也是大多数人对友情的理解。无论

获得更多解决问题的方法。

得到支持，不容易被坏人欺负。

等等我！

帮助我们驱散孤独。

和我们分享快乐，听我们倾诉苦恼。

谁才是最值得交往的朋友？

是否自私，都可以为这些目的交朋友。

那么，还有没有更深刻的答案呢？有没有某种益处，只能来自我最好的朋友，其他任何方式都无法得到呢？

想来想去，还真有一个：和另一个熟悉我的人进行灵魂深处的交流。

普通的交流不难得到，但是"灵魂深处的交流"就很难得了，在这个世界上，只有和我们最亲密的人才可能做到。这种交流又非常重要，真正有深度的思想都是从这样的交流中诞生的，哲学家尤其是这样。比如在西方，最早、最有名的哲学家是苏格拉底，记录他思想的书叫《理想国》，这本书是对话体，记载的都是苏格拉底和别人的对话。无独有偶，中国最早、最有名的哲学家是孔子，记录孔子言行的《论语》也是对话体。后来许多哲学家，像朱熹、王阳明，他们的大部分作品也是对话体。还有很多哲学著作虽然没有用对话体，但其实作者也是在对话，他们是在跟古代的哲学前辈、跟当时的辩论对手以及想象中未来的读者对话。

精神交流是诞生思想的泥土。我们只有和其他思想互相交流、碰撞，才可能创造出新的东西。这种交流通过读书也可以做到，但是书的作者不认识我们，也不能直接回答我们的提问。如果我们想拥有真正的交流，就需要在现实中找到一个最了解我们的、能和我们在灵魂深处共鸣的人。很多哲学家都是按照这个标准寻找朋友的。

比如孔子交友的一条标准是知识广博。因为古代没有互联网，孔子生活的时代连书本都很少，所以朋友只有知识广博，才容易产生有价值的思想交流。儒家还有一个评价好朋友的标准叫作"诤友",就是能直言不讳地批评我的朋友。因为批评也是一种思想交流,而且比一般的交流好处更大。

这就是在哲学家的眼里,我们能从朋友的身上得到的最大好处:人格的影响、思想的交流、借助朋友的视角看到一个更大的世界。

如果我们以这个目标去寻找朋友,很容易想到一个理想朋友应该是什么样的。首先,这个朋友要正直,是一个好人。其次,他愿意思考、坚持理性、能表达自己的思想。最后,大家的关系是平等的,可以平等交流。

此外,我认为还有一条标准很重要:这个朋友的"三观"最好能和我们的不一样。

为人正直,诚实善良。

善于思考,坚持理性。

平等待人,能够友好交流。

有主见,乐于表达。

谁才是最值得交往的朋友？

有人可能会不同意："三观"和我不一样的人品德恶劣，怎么能和我做朋友呢？但是有些哲学家不这么想。他们认为这个世界上不能只有一种"三观"，允许不同"三观"共存的世界比只有一种"三观"的世界更美好。用英国哲学家罗素的话说："参差多态乃是幸福的本源。"

而且我们只有和不一样的人在一起，才可以丰富自己的灵魂。庄子最好的朋友叫"惠子"。庄子喜欢惠子，不是因为惠子天天捧着庄子，相反惠子是个超级"杠精"，天天跟庄子抬杠辩论。惠子去世后，庄子非常难过，他伤心地说，以后没有人可以再和他辩论了。这就是典型的哲学家的朋友观，喜欢和自己观点不一样的人。所以儒家主张"君子和而不同"，大意是我们关系和睦，但也允许大家观点不同。

按照这个标准，当我们遇到和自己"三观"不同的人，先不要急着下判断。只要对方正直、理性、能平等地对待我们，那我们就不妨用同样的态度对待他，听听同样理性的他怎么会得出和我们相反的结论。你想，大家都是理性的好人，却能得出迥异的结论，这事儿难道不让人好奇吗？

所以找朋友，还可以有最后一条标准。这个标准既用来要求别人，也用来要求我们自己，这就是"宽容"。我们允许朋友的观点和我们不一样，不急赤白脸地非要说服对方，也不因为观点不同而反目成仇。简单地说，我们尽量不要太"刺儿"——那些一天到晚看谁都看不惯的人，活得多累呀！

④ 好朋友和我绝交了，怎么办？

好朋友和我绝交了,怎么办?

你害怕失去友情吗?如果有一天你和好朋友吵架,甚至绝交了,你用尽一切手段都无法挽回这份友谊,该怎么办呢?这次,我们来聊一聊关于友情的第二个秘密。

你觉得,友情是一种"物品"吗?比如像一个铅笔盒、一张桌子之类的"物品"?——当然不是啦,友情不是"物品",它是一种人际关系,看不见也摸不着。

说得没错。可是我们平时会说:我"得到"了一份友情,我不想"失去"一个朋友。"得到"和"失去"这两个词是用在物品上的呀,描述的是物品的私有产权。比如我在路边看见一只小猫,我很喜欢它,我站在那看它、蹲下来逗它玩,这些都不叫我"得到"了这只猫。只有我把这只猫拿在手里,抱回家,给它洗了澡,脖子上挂上铃铛,有人要碰它的时候,我说:"不行!这是我家的猫,你不许随便动!"这个时候我才认为"得到"了这只猫。因为这只猫现在变成我的私人物品了。

很多人也是这么看待友情的。当我们习惯说"得到"和"失去"一份友情时，我们其实是把友情当成了一件物品，我们想要拥有的是这件物品的私有产权。于是我们就会得出一些荒诞的结论。比如有的人会认为，友谊是属于我一个人的，别人不能碰。我的朋友如果不找我玩了，跟别人玩，我就应该生气。我可以理直气壮地对朋友说："你凭什么找别人玩？"可是咱们都知道，在社交这件事上，每个人都应该是自由、独立的，谁也不能干涉谁。为什么一到朋友这里，我们就能理直气壮地

好朋友和我绝交了，怎么办？

干涉朋友的自由呢？因为我们下意识里把友谊当成了私人物品。

明白了这个道理，就可以回答开头的问题了：如果朋友和我吵架，甚至绝交，我用了一切手段都无法挽回友情，该怎么办呢？

那就不挽回呗。如果我们拥有一件物品，我们可以期待永远拥有它。比如我的铅笔盒要是丢了，我当然可以着急，因为它本来就应该是我的。但既然友情不是我的私人物品，那我凭什么要求自己能永远拥有一段友情呢？

在人生最早的阶段，我们交往最多的人不是朋友，而是长辈，是爸爸妈妈、学校里的老师。我们没有办法选择跟哪个长辈在一起。无论这个长辈是谁，我们都必须让他喜欢我们。所以我们小时候容易养成"尽量讨好所有人"的习惯。时间长了，我们在潜意识里或许会认为，如果有人不喜欢我们，那一定是我们哪里做错了。我们要自己反省，然后加倍努力地去讨好。

但这个想法是错的，尤其不能用在友情上。我们既没有义务也没有能力让每一个人都喜欢。我们可以选择迁就朋友、维护友情，也可以选择不这么做。所以中国古人理想的人际关系是"君子之交淡如水"，朋友之间的关系应该淡得像水一样，而不是你拉扯着我，我拉扯着你。

这就是关于友情的第二个秘密。在日常的学习和生活中，我们习惯了实现一个个目标，完成了就叫"成功"，完不成就叫"失败"。但是友情的世界不是这个样子。友情的世界好像一片巨大的海洋。我们每个人都是漂在大海上的一艘小船，我们可以按照自己的想法左右船的位置。我们愿意和自己喜欢的船靠近，去和船上的人说说话、拉拉手。但是偏偏有些船会越漂越远，我们也没法控制。有的时候一股大浪打来，会打乱所有船的位置，把我们打到另一个陌生的海域。就好比我们每次从学校毕业，都会和之前的朋友渐行渐远。但是新的海域也带来了新的期待，有的船离远了，又会有别的船靠过来。

好朋友和我绝交了，怎么办？

在这个世界里，不存在"拥有"和"失去"的概念，也没有"成功"和"失败"。我们不需要努力划船，我们要做的是在自己的船上竖起一杆大旗，让喜欢我们的船能远远地看到。这杆大旗是什么样子的呢？就是上一篇说的，我们可以做一个善良、理性、宽容、能平等对待别人的人。这就是我们在友情的大海里最好的样子。

⑤ 该不该做一个合群的人?

该不该做一个合群的人?

我该不该做一个"合群"的人?

当然,能合群肯定是好事。合群的人可以交到更多的朋友,得到更多的支持和保护,在集体里会更开心。但是如果我们天生就不喜欢合群呢?如果我们就喜欢一个人待着呢?又或者我们身处的集体实在难以融入,那还要不要为了合群委屈自己呢?这是一个很难回答的问题,要具体情况具体分析。哲学家可以为我们提供一个有意思的思考视角。

哲学家首先思考的是:假如这世界上所有人都不合群,每个人都绝对不和别人合作,会出现什么情况呢?

有个叫"霍布斯"的英国哲学家就思考过这个问题。他认为所有人都有一个最优先的需求:保证自己的生存。可是世界上的资源是有限的,特别是在原始时代,人们经常不够吃不够穿,为了生存,就有了掠夺别人资源的动机,同时也有了被掠夺的危险。然而关键是,人类在单独活动的时候太脆弱了。毕竟再强大的人也得睡觉嘛，等他睡着的时候，随便谁都可以轻易消灭他。那在这样的世界里，生存下去的最优策略是什么呢？

这种情况可以拿网络游戏打个比方。好比我们在玩一款规则特殊的网络游戏，游戏允许玩家之间随意PK，但是禁止玩家结盟。而且每个玩家的攻击力是10000点，防御力只有1点。那玩游戏的最优策略是什么呢？肯定是见到陌生人的第一时间立刻进攻，先下手的一定占便宜。于是霍布斯得出结论：假如人类不结盟，那么每个人为了生存，都会主动进攻别人，结果是所有人都打成一团。这种局面叫作"一切人对一切人的战争"。

该不该做一个合群的人？

"一切人对一切人的战争"会导致所有人都活不下去，显然没有人愿意过这种生活。因此任何有理性的人都倾向同别人结盟，组成一个集体。这个集体必须有一些规则来约束内部成员，比如禁止互相伤害、禁止偷盗等。这些规则对大多数人都有好处，所以人们自愿服从，哪怕要因此牺牲一部分自由。

换句话说，一个理性的人加入集体，就好像在和这个集体进行一次交易。个人向集体交出一部分自由，集体向个人提供保护和服务。所以霍布斯和其他一些哲学家把个人和集体的关系看成一种"契约"，一个人加入集体就好比跟集体签了一份交易合同。

当然这只是一种比喻，现实中并不真的存在这么一份合同。但是它给我们提供了一个新思路。刚才我们问"我该不该合群？"，问的是

"该不该"。要是回答"该不该",就要做一道论述题。如果把"合群"这件事看成做交易,那我们要思考的不是"该不该"而是"划算不划算",原本复杂的论述题就变成了一道简单的计算题。

我们可以把"加入集体"这件事想象成买东西。所有人都要去一个叫作"集体"的商店里购物。商店里出售的"商品"是我们加入小集体后可以得到的各种好处。付出的"钱"是我们的一部分自由。天生合群的人手里的"钱"比较多,可以不假思索地把所有商品都买回家。但如果我们不合群,那意味着我们在这个商店里要更"抠门儿",买东西时得仔细掂量掂量,只买那些最值得的,把钱花在刀刃上。

那么,这个"集体商店"里都有哪些"商品"呢?当我们在学校里加入一个小集体,会有一群朋友,他们可以保护我们、帮助我们,也会和我们一起玩耍,还能让我们获得归属感和认同感。在这些"商品"里,有哪些其实不是必须买的呢?

其实有些"商品"可以通过别的途径得到。比如学习好的同学一般更容易被老师和同学青睐,那么只要能提高学习成绩,我们在班里就算有一点不合群,也依然会被别人称赞、拥有认同感。拥有一技之长也有类似效果,所以可以练习一门受人欢迎的特长。如果我们觉得别人的认同和赞扬没那么重要,那就又可以再不合群一点,因为我们不需要为了获得赞美而去迎合别人。总之,我们能力越强、内心越强大,就越有条件不合群。

该不该做一个合群的人？

接下来，我们来回答一个更复杂的问题。如果有一群朋友向你提出一些让你很为难的要求，应不应该答应他们呢？

比如有一群平时很要好的朋友，有一天要你做一件很危险的事情，这件事可能会让你受伤或者被大人惩罚，面对这种情况你会怎么选择呢？一般人第一反应是犹豫、不敢做。但如果你的朋友们说："我们几个都干过，怎么就你不敢？想想我们过去怎么帮助你的，你这么不讲义气，还是不是我们的兄弟姐妹？"这时你可能就蒙了，因为这些朋友把他们的要求跟"勇敢""友情"这些特别好的词汇绑在一起。在童话故

事和动画片里,"勇敢"和"友情"都是特别好的东西,故事里的主人公会不顾一切地追求它们。按照这个思路,你似乎应该答应朋友,不管多么危险,为了友情也必须冒险一次。

前面这一段之所以把你说蒙了,是因为讨论的是"应该不应该"。如果我们不讨论"应该",而是讨论"划算"呢?还是把这件事当成在商店里买东西,结果会是什么呢?货架上的商品跟之前说的没有变化,但是商品价格变了,变成了你即将承受的各种风险。这些朋友要求你去做一件可能会伤害自己的事。万一你真的受到伤害了,他们会替你承担后果吗?如果你的身体受伤了,他们会把你送到医院,为你支付医药费,每天在身边照顾你,帮你补习功课,补偿你损失的时间吗?如果你做错事,被大人抓住了,这些好朋友会替你受罚吗?如果你被学校处分了,他们有办法撤销处分吗?如果这些都做不到,那这个小集体就等于向你提出了一个非常高的价格。你想,爸爸妈妈平时要付出那么多的金钱和精力,只为了你不会受到伤害。爸爸妈妈愿意付出的代价有多高,这些朋友向你开出的价格就有多高。

这就好比在现实世界里,你去一个商店里买棒棒糖。商店老板开价:"这个棒棒糖要一千块钱。"你当然不会买,因为价格太高了。结果老板脸色一变,说:"你这个人怎么胆子这么小呀?你怎么这么不讲义气啊,你还是不是我们的兄弟姐妹了呀?"你会怎么想呢?你会觉得这个老板不是在卖东西,而是在敲诈勒索。你的正常反应是感到害怕,赶紧离开商店，还要把这件事告诉大人，并且以后再也不去这家商店。同样，如果有几个朋友要求你做一件会伤害自己的事情，你要是拒绝就是"不讲义气"，那最优的做法是保持警惕、不要答应，以后尽量和他们保持距离。最好还能和信任的大人聊一下，因为这件事是不正常的。

在这篇里，我们说了一个看待个人和集体关系的新视角。在有些哲学家看来，个人和集体之间是平等合作的关系。对于是否要融入一个小集体，我们可以考虑"划算不划算"。不过这只是霍布斯等个别哲学家的看法，不一定正确。有些东西，比如像荣誉、尊严、家国情怀，是不能计算的，也不能用交易的眼光来看待。还有的哲学家认为，人天生就有融入集体的义务，这是不需要考虑的。

⑥ 在集体里一定要随大流吗?

在集体里一定要随大流吗?

当别人都犯错的时候,你能保持独立思考,坚持正确的答案吗?假设你参加一个数学提高班,班里所有人都说1+1=3。你能不能坚持相信1+1=2呢?

绝大多数人都相信自己可以独立思考,但是现实世界总有很多办法让我们怀疑自己。比如有一招叫"诉诸权威"。提高班上来了一位全国著名的数学大师,老师和同学都站起来热烈鼓掌。数学大师在讲台上严肃地说:"同学们,我知道世界上人人都说1+1=2,但是相信我,这个世界上还有很多未知的领域,你们要保持谦逊,要记住,其实1+1=3。"这时你还坚信自己吗?

还有一招叫"诉诸暴力"。老师说:"我听说最近还有同学私下里胡说八道。相信1+1=2的给我站出来,让同学们都来看看你的丑态!说了这么多遍的简单道理都记不住,还有什么脸面在这个班里待下去!明天请你的家长来！"

还有一招叫"诉诸利害"。你最好的朋友悄悄拉你的衣服："算了算了，好汉不吃眼前亏，相信 1+1=3 又怎么了？你还想不想拿一百分了？"

还有一招叫"诉诸感情"。被老师叫来的父母把你抱在怀里，泪流满面："你知不知道爸爸妈妈把你送到这个班里付出多大的代价！花了多少钱！托了多少关系！这些日子你妈妈天天以泪洗面，没睡过一个完整的觉。想想我们多么爱你，你就听老师的话吧！"

还可以"诉诸道德"，一同赶来的二姨在旁边帮腔："你知道你妈为你吃了多少苦？流了多少眼泪？你就从来没有考虑过父母，考虑过别人吗？你怎么这么没良心，怎么这么自私！"

——经历过这一切后，你还能坚持 1+1=2 吗？

1+1=2 是一道简单的数学题，我们一眼就能看出对错。但如果让你判断的是非没那么简单呢？

假如班里有很多人都对某个同学有意见，认为他是这个班里最丑、最笨、最不爱干净、学习最差的人，他的存在就是给班里抹黑，因此我们要惩罚他。惩罚他是在维护班集体的荣誉。你觉得这样做对吗？理性告诉我们，人不能欺负人。但如果班里所有人都不认同你呢？你是否会因此妥协？再比如，有人认为自己喜欢的偶像或者所属的班级完美无缺，绝对不许别人批评；还有人对某个地区、某个性别、某种收入水平的人有偏见，认为他们的存在本身就是错；还有人认为自己是绝对正义

在集体里一定要随大流吗？

（图中对话：
- 他又丑又笨，不爱干净，学习又差。
- 他的存在就是给班里抹黑，我们要惩罚他。
- 惩罚他就是维护班集体的荣誉。）

的，凡是跟他观点不一样的人都要用暴力对待……如果在现实生活里，你遇到了这样的小集体，你会不会放弃理智，随波逐流呢？

这个问题，哲学家比你还关心。在人类的历史上出现过好几次大多数人失去理智的例子。比如古希腊最伟大的哲学家苏格拉底，他没有犯罪，却被公民大会投票判处死刑。后来在西方又出现了好几次类似的历史事件。于是有一位叫"勒庞"的法国学者，写了一本叫《乌合之众》的书。勒庞认为，当很多人因为某个共同的目标临时聚集在一起、情绪高昂的时候，可能会身不由己地做一些很坏的事，却以为自己是正义的化身。

怎么避免这种情况呢？有很多学者继续勒庞的研究，他们发现，这类小集体有一些特别的标志。我们一旦看到这些标志，就应该保持警惕。我从罗素的观点中，挑选出两个最容易分辨的特征：

第一个特征叫"绝对自信"。也就是这个小集体里的成员都坚信自己是正确的。尤其是集体里的领导者，他们习惯用肯定的语气说话，认定某件事一定会如何发展，大家一定要听他们的话，否则就会倒霉。这样的集体能给成员带来安全感。内心脆弱的人会觉得，只要待在这样的小集体里，一切事情都会被安排得很好，自己什么都不用操心，也不用承担做决定的风险。所以这样的小集体在很多人眼里是有魅力的。

第二个特征叫"排外"。这类小集体可能弥漫着恐惧和仇恨的情绪。比如大家相信外面有很多坏人，大家只有团结在一起，被这个小集体保护，才能避免伤害。这对于维持小团体的凝聚力特别有效。比如在现实生活中，你会发现有些人喜欢聚在一起说别人的坏话。这其实就是小集体在给自己创造假想敌。通过一起说别人的坏话，朋友之间会觉得更亲近。

"绝对自信"和"排外"这两个特征是互相联系的。过度自信的人不愿意承认自己会犯错。如果有人批评他，肯定是批评者错了。为什么那些批评者明明错了，还不知错就改呢？肯定是因为他们坏。用网络上的话说，"肯定是黑子故意来黑我们"。这不就证明了外面总有人想害我们吗？逻辑自洽了。

如果你所处的小集体有这两个特征，最好能保持警惕。一旦心里有了怀疑，不妨跳到小集体的外面，看看外面的人是怎么说的。也许你会发现，有些自以为的正义其实只是变相的癫狂。

不过要补充的是，上面讲的是小集体容易让人失去独立思考的能力，并不等于这样的集体就是坏的。在外界真有威胁的情况下，这样的集体反倒更容易生存。

在集体里一定要随大流吗？

比如有一天，你跟着一个旅游团去野外旅游，结果遇到自然灾害，大家在野外被困住了，稍有闪失就有生命危险。这时导游站出来说："请大家相信我！只要听我的指挥，我一定把大家安全地带出去！"——你看这位导游，说话特别自信、强调大家处境危险、要求所有人都服从他，是不是和前面小集体的特征一样？可是他只有这么说话，让大家全心全意地相信他，大家能安全逃生的概率才最大。类似的道理，在进行体育比赛的时候、在战争的时候、在集体士气低落的时候，这种只讲情绪、不讲道理的集体反而是一种优势。

当所有人情绪强烈地相信一件事的时候，我们不妨保持警惕，用理性思考一下。但也不能为反对而反对，故意和大家不一样。因为故意不盲目其实也是一种盲目。哲学家们希望我们永远保持怀疑精神，不要轻易相信任何人的话。永远跳出自己的环境，用理性的标准衡量对错。

⑦ 被很多人喜欢重要吗？

被很多人喜欢重要吗？

我应该主动讨好大多数人吗？如果有很多人讨厌我，我该怎么办呢？

回答这个问题之前，还是先来玩一个游戏吧。

你听说过"时间胶囊"吧，就是将一些信件、纪念品装在一个容器里，等到几十年后再打开。假设你现在要给二十年后的自己留下一个时间胶囊，其中有一项内容，是要给未来的自己录下一段语音，介绍你的爸爸妈妈。这样将来已经长大成人的你，就可以知道今天的爸爸妈妈在你心中是什么形象了。

不过有个特殊要求：录音的时间只有五秒钟。

你会觉得这个要求太过分了吧？五秒钟的时间，只够说出几个词。可是爸爸妈妈有这么多值得说的地方，怎么可能只用短短几个词来描述呢？无论选择什么词，用来概括爸爸妈妈都太简单了。

这个游戏似乎太难了，咱们换一个游戏。

这次的游戏是"看视频"。假设你打开了一个视频软件。软件的首页上密密麻麻地列出好多节目主播，这些主播你都不认识。现在给你五秒钟的时间，要你迅速判断一下最想看谁的节目，你会怎么做呢？

如果你用过类似的软件，会发现这事并不难。我们平时浏览手机的速度比这快多了。回想一下，我们平时是怎么做的？我们用手指滑动屏幕，目光快速扫过满屏幕的主播，先把他们分个类：比如这位是"游戏主播"，那位是"搞笑主播"，那位是"颜值主播"……我们从最喜欢的类型里，选一个感兴趣的视频就可以了。

——这就奇怪了，刚才我们认为不能用五秒钟描述爸爸妈妈。可是那些主播也是活生生的人，我们却用五秒钟的时间一口气描述了那么多个主播，而且只用一个词——比如"游戏主播""搞笑主播"——就把他们概括了。我们为什么可以这么做呢？

因为在描述视频主播的时候，我们用了一件特殊的思想工具，叫作"打标签"——用一两个简单的词汇把一群事物快速分类。**"打标签"**是个很有用的工具，可以帮助我们在遇到陌生事物的时候快速作出判断。比如我们参加聚会，一进门，发现一屋子人我们全不认识。那应该先找谁搭话呢？要挨个了解每一个人可能需要几个小时，不能一直傻站着呀。于是我们使用"打标签"这个工具，迅速把面前的人分成两类——"我第一眼觉得喜欢的"和"我第一眼不喜欢的"。我们会去找那些第一

被很多人喜欢重要吗？

眼喜欢的人搭话。

越是陌生的事物，我们越喜欢打标签。比如，国内有一些我们从来没去过的省份，对那里的人，我们有什么印象呢？我们或许会把这个省的所有人都看成同一种人，给他们打上同样的标签，比如"山西人爱吃醋""湖南人能吃辣""东北人性格豪爽"，等等。对外国人就更容易这么做了，尤其是那些我们从来没接触过的国家，我们会以国家为单位给他们打标签。比如"日本人喜欢鞠躬""韩国人爱吃泡菜""英国的美食很少"。甚至对于一些遥远的国家，我们会把很多个国家合在一起，比如有人会说"非洲人都擅长运动"，把整个非洲看成一个整体，不再细分具体的国家了。

"打标签"是我们理解世界的必需手段，但对那些被分类的人不太尊重。就像一个外国人见到咱们说："啊！你是中国人！会功夫！用筷子！你们什么东西都吃，还会吃狗肉！"这个外国人可能没

有恶意，但是我们听了会不舒服，因为他根本不了解我们，他只是把对中国人的刻板印象粗暴地安在我们身上了。

刚才我们浏览"视频主播"，给他们快速打标签的时候也是一样。在这个过程里，我们并没有把他们当成活生生的人，而是把他们当成了某种商品，某种可以被审视、评价和挑选的"东西"。当我们把一群主播都打上"游戏主播"的标签，把他们归成一类时，在我们的眼里这些主播是等价的，可以互相替代。我可以按照自己的喜好随意比较他们，挑选出自己最喜欢的。这个过程其实和我们在货架上挑选商品是一样的。用专业术语说，我们把这些主播"物化"了，把他们当成了物品。广告里的模特、舞台上的明星、用分数排列的考生、用人单位眼里的面试者，他们也在一定程度上被物化了。

站在这个角度，我们看到了世界冷酷的一面。在这个世界上，大多数人都以自己为中心观察别人，他们最关注自己身边的事，对距离越远的人越没有耐心了解，越容易用一两个标签武断地描述他们，越倾向于把人变成"物"。

所以期待太高的人也许会对这个世界失望。我们每天会遇见无数的人，但是除了十几个跟我们朝夕相伴的人外，绝大多数人都没有耐心了解我们是谁。即便他们认识我们、能叫出我们的名字、在我们的社交圈里留言点赞，也不过是把我们当成了信息海洋里的一小条标签。上一秒钟他们还热情地跟我们打招呼，下一秒钟就忙着关注别的事情了。

被很多人喜欢重要吗？

这也能解释为什么有些大明星会抑郁。在普通人看来，明星有那么多人喜欢，有那么多钱可以花，生活还有什么不开心的呢？但恰恰是因为明星参加的社会活动太多，让他们早早地意识到粉丝喜欢的不是他们本人，而是被镜头、海报和公关文字包装出来的商品。所以再多的"点赞"和"转发"也没法驱散内心的孤独。

敏感的艺术家也发现了这一点。古人常常感叹"相识满天下，知心能几人"。到了工业革命后，很多作家以"人情冷酷"为主题写作。因为工业革命后，交通和通信技术发达了，人们的社交圈扩大了。但是我们了解别人的时间依旧有限，扩大的社交范围反倒更暴露了人心的疏离。对于那些心思细腻的人来说，现代社会是个用无穷无尽的玩乐掩盖的冷酷仙境。

但是这事儿也有好的一面。

好的一面是我们不需要讨大多数人的喜欢。既然大多数人眼中的我们都不是真正的我们，那赢得他们的赞美又有什么意义呢？

同样，我们也不用把陌生人的批评放在心上。也许有一天，我们会在网上被围攻，被成千上万的人用恶毒的语言伤害。万一遇到这样的留言，忍住不要看，提醒自己那些人攻击的是一个被物化的你，一个被用寥寥无几的文字和图像虚构出来的假人。在他们打下批评文字几秒钟后，他们已经把这事儿忘光了。几个星期后，这件事除了我们自己还念念不忘外，在其他人心中已经像狂风卷过的沙砾，早就随风而逝，从这个世界上彻底消失了。

因为这些批评是虚幻的，所以错误的做法是太当真——认真回应每一个批评，思考批评我们的人是谁，我们怎么能扭转他的想法。正确的做法是远离它们，不看不听不想，等待虚幻的东西自己消失。

同样的道理，我们也不用在意别人对我们的相貌的评价，因为"美"和"丑"是最简单的标签，只能用在我们不熟悉的人身上。就像我们不会用"美"和"丑"来评价妈妈——作为我们最熟悉的人，妈妈的相貌在我们心中是独一无二的，既不是"美"也不是"丑"。当一个人用"丑"来评价我们的时候，意味着我们在他眼中只是个距离遥远的陌生人。既然他没有真正关心过我们，那我们又何必在乎他的想法呢？

8 被集体孤立怎么办?

被集体孤立怎么办？

被集体孤立是一件很糟糕的事，最好能用一切手段避免。尤其是长期被集体孤立是很危险的，其中的压力连大人都承受不了。万一你遇到这种情况，应该向大人求助，把这件事告诉爸爸妈妈。

不过，就算被孤立了也不是世界末日。在历史上，有很多伟大的人都遇到过类似的情况，他们或者依靠艺术，或者依靠信念坚持了下来。在这一篇里，我们来看两个哲学家的例子。

第一位哲学家叫"斯宾诺莎"。他生活在三百多年前的荷兰。当时欧洲的老百姓特别相信教会，认为教会是绝对的权威，谁反对教会谁就是大逆不道。可是斯宾诺莎是个哲学家，哲学家喜欢思考和怀疑权威，斯宾诺莎发表了一些教会不喜欢的观点，教会把斯宾诺莎开除了。

这和学校开除学生不一样，不只是"以后不许再参加教会活动"那么简单。教会把当地的居民都叫来，专门举行一个仪式，当众宣布斯宾诺莎从此以后是全体教民的敌人，诅咒斯宾诺莎天天倒霉。教会还要求所有人都不许跟斯宾诺莎说话、不许给他写信、不准帮助他，甚至都不许靠近他。用今天的话说，就是让斯宾诺莎"社死"——"社会性死亡"。最后连斯宾诺莎的爸爸都不敢收留他，把他轰出去了。

更可怕的是精神上的折磨。因为当时的人都真心相信教会的话，所以人们真的认为斯宾诺莎是个十恶不赦的大坏蛋。你可以想象一下那些人人唾弃、万人喊打的罪名。如果你背上了类似的罪名，连身边最亲近的人都发自内心地鄙视你，那是一种什么感受呢？而且斯宾诺莎生活的时代没有互联网、没有网购，人要生存就必须出门和人交往。斯宾诺莎走在马路上，招来的是鄙夷、恐惧的眼神，随时都有人骂他、揍他、朝他吐口水。甚至有人真的想要杀了他，凶手还觉得自己是在伸张正义、为民除害。在凶手的匕首刺过来的一瞬间，斯宾诺莎刚好转了个身，这才捡回一条命。

可以说，斯宾诺莎已经被孤立到极点了。但是他非常平静地接受了这一切，一点儿都不怨恨这个世界。斯宾诺莎性格温柔、待人宽厚，用德国哲学家黑格尔的话说："要达到斯宾诺莎的哲学成就是不容易的，要达到斯宾诺莎的人格是不可能的。"

斯宾诺莎是怎么做到的呢？这和他的哲学研究有关。斯宾诺莎认为，宇宙中的万事万物都被一套永恒不变的规律控制着。包括伤害他的人和他自己，都要遵守这套规律。感受到这套规律的存在，我们就不会

被集体孤立怎么办?

有烦恼了。

打个比方说,整个宇宙好比是一片大海,我们每个人都是大海中的一滴水。普通人以为他们是独立自主的,可以游到自己想去的地方,所以他们患得患失,整天算计着自己的位置。而斯宾诺莎看到了整片海洋,他发现大海中的每一滴水都是被波浪的运动严格控制的,所有水滴的位置都是注定的。

明白这一点并不能让斯宾诺莎预测未来、改变现实,因为他自己仍旧是大海中的一滴水,所在的位置还是无法改变。但是他已经看到了整片大海的样子,因此能陶醉于大海波浪的形状,欣赏月光下的粼粼波光。在整片海洋面前,一滴水已经消融不见,具体的位置在

哪已经不重要了。

斯宾诺莎认为自己发现了永恒、无限的终极规律，所以得到了心灵的宁静。斯宾诺莎的世界观我们可以不接受，因为哲学的世界观不止一个，很多哲学家的世界观都跟斯宾诺莎的不同。但是有一点可以借鉴，世界上的万事万物可以分成两种：一种是暂时存在的、容易消失的，比如健康、财富、赞美；另一种是永恒的，比如真理和美。很多人相信，永恒的可以超越暂存的。当我们沉浸在永恒的事物里，身边那些注定会消失的东西就不重要了。

那些永恒的东西离我们并不遥远，我们上课学的数学就是永恒的，我们在音乐课、美术课上体验到的美也是永恒的。物理学、化学、传统文化，这些东西也许不是绝对永恒的，但相对于我们的生命长度来说，也可以看成不朽的。还有我们对亲人的爱，对美好的向往，也可以是永

恒的。好多哲学家都有自己相信的永恒信念。德国哲学家康德相信的是"头顶之上的星空和心中的道德法则";哲学家罗素相信的是"对爱情的渴望,对知识的追求,以及对人类苦难不可遏制的同情";中国宋代哲学家张载相信的是"为天地立心,为生民立命,为往圣继绝学,为万世开太平"。相信永恒的东西,就可以帮助我们超越眼前的个人遭遇,承受一时的苦痛。因为时间会打败一切,伤害我们的人和事总有一天会远离我们,苦难的记忆总会越来越淡,时间会站在永恒的一边。

也许你觉得这些东西都太宏大、太遥远了。那不妨再看看另外一位哲学家,来自丹麦的克尔凯郭尔。他和斯宾诺莎一样,也和当时的教会有矛盾。但是克尔凯郭尔的性格比斯宾诺莎更勇猛,他主动挑战教会,写文章批评教会,甚至宣称教会的牧师还不如野蛮的食人族。此外,克尔凯郭尔还得罪了一张不入流的小报。当时报纸刚刚流行一种新形式——漫画。这张小报就在漫画里把克尔凯郭尔画成一个猥琐的流氓。这就好比在今天有人得罪了一家短视频公司,于是公司老板发动手下的所有账号,拍摄许多关于这个人的短视频,把这个人塑造成一个道德败坏的小丑,还在视频里打上他的姓名、照片、家庭住址,在各大平台轮番播放。这种感觉多恐怖啊。如果说斯宾诺莎的遭遇用今天的话说叫"社死",那么克尔凯郭尔的遭遇就是被"网暴"了。

在今天,很多大人都承受不了这样的"网暴",那克尔凯郭尔是怎么承受的呢?克尔凯郭尔对人类有独特的看法。他认为有两种生活方

式：一种人对生活没有思考，别人做什么我就跟着做什么，只会盲从，这样的人不算真正地活着；另一种人对自己的每一个选择都认真思考过，他们才是真正活着的人。

你看那些攻击克尔凯郭尔和斯宾诺莎的人，他们都是在盲从教会、盲从权威。他们觉得只要听从权威的话，就等于掌握正义，可以理直气壮地打压他人。在克尔凯郭尔看来，这种人是没有真正思考过人生的乌合之众，他们聚在一起看上去很强大，其实只是一群没有思想的行尸走肉。

克尔凯郭尔的看法是一种"精英主义"，认为大多数人都不爱思考、容易被鼓动，只有像他这样的少数人才是真正理性的人。这种观点容易让人变得傲慢和狭隘，并不完全正确。但如果我们遇到像克尔凯郭尔的情况，被一群不知道思考、只知道抱团取暖的人疯狂围攻，那不妨思考一下：我被伤害是因为我有错，还是因为攻击我的人既自卑又愚昧呢？如果这些人没有对我造成实质上的伤害，我是不是可以把精力放在更重要的事情上，没有必要和他们纠缠呢？

我们尽量不要被孤立，但是也不用怕被孤立，因为人类的思想远比冷嘲热讽更深邃高远。在人类的历史上，被孤立、被冷嘲热讽的智者数不胜数。他们依靠精神的力量坚持了下来。这些孤独的灵魂在人类的思想长河中留下了自己的痕迹，它们躺在那些经典著作里等待着和我们相会。在精神的世界里，你永远不会孤单。

⑨ 如果得不到表扬，还要不要做好事？

如果得不到表扬，还要不要做好事？

"道德"是个什么东西呢？说起来似乎很简单，就是要我们多做好事少做坏事嘛——可是话说回来，我们为什么要做好事呢？

这个问题其实挺难回答的。如果我们问大人："我为什么要做好事？"大人会怎么回答呢？也许会回答："因为做好事是对的"或者"我们就应该做好事"。这两个回答其实是"同义反复"，是在用"好事"的定义解释"好事"，说了和没说一样。

还有些大人可能会说："只有人人遵守道德，社会才会井然有序，你不想生活在别人可以随便做坏事的世界里吧？"这是从"功利主义"的角度回答道德的必要性，乍一听没有错，但是自私的人会忍不住想："按照这个思路，应该让别人都去遵守道德做好事，而我自己偷偷做坏事，那我才最划算啊。别人可以遵守道德，我为什么要做好事呢？"

在没有别人监督的时候，我们要不要做好事呢？如果得不到任何表扬和奖励，我们还应该做好人吗？

"我为什么要做好事"是个哲学上的大问题。好多哲学家为此争论不休。要想回答这个问题，还是先做个游戏吧。

这一次你要来扮演一名老师，任务是教一群小学生，让他们知道就算在没人表扬的时候也应该做好事。不过你要教的小学生可不是一般人，他们都大有来历。

第一位小朋友叫"苏格拉底"。他是古希腊哲学家，最大的特点是喜欢辩论。举个例子，假设你是老师，想让这位小苏格拉底按时写作业，应该怎么对他说呢？对于一般的小学生，老师说一句"当学生的哪有不写作业的啊？"就能管用了。可是这么说对小苏格拉底就没用，他

如果得不到表扬，还要不要做好事？

会反驳："为什么学生就得写作业？背后的原因是什么？怎么能证明这个观点？"你还必须讲出个详细的道理来："首先，在这个社会里每个人都应该履行自己的义务，比如农民伯伯认真种地，工人叔叔认真生产，这样社会才能正常运转。其次，学生的义务是学习。最后，写作业是巩固学习成绩的必要手段。所以你作为小学生，必须写作业。"你必须这么一环一环严密地推理下来，小苏格拉底才能被你说服去写作业。

现在我们要教小苏格拉底遵守道德了。假设有一天，小苏格拉底打算趁着大人不在的时候欺负别的小朋友。你应该怎么说服他不要这么干呢？可以这么说："我们是人类，不是动物。人类和动物的一大区别是人类有理性，会讲道理。所以我们应该用理性来克制自己的本能。一个人人讲道理的世界要比随意使用暴力的世界更好。你也是人，所以你也应该尽量讲道理，避免使用暴力。"

通过这一步步的逻辑推理，我们才有可能说服小苏格拉底不要随便欺负别的小朋友。这也是很多西方哲学家喜欢的思路，用逻辑推理出道德准则。这是关于道德来源的第一种说法。

苏格拉底小朋友的问题解决后，接着来了一个更不听话的小朋友"李逵"。就是《水浒传》里那个拿着两个大斧子的李逵。这位李逵小朋友不喜欢听道理，一听到"逻辑"两个字就打哈欠，他喜欢凭心情来做事情。高兴了就哈哈大笑，生气了就哇哇大哭，全凭感情用事，根本不想思考。那怎么能让李逵这样的小朋友别欺负人呢？只能从感情下手了。

你可以问小李逵:"欺负人是什么感觉呢?"他或许会回答:"很开心!我就喜欢欺负人!"那你可以引导他:"看到别人都讨厌你、害怕你,你真的很开心吗?难道不是别人喜欢你、信赖你的感觉更好吗?况且如果被欺负的人是你,你会开心吗?"如果你有足够的耐心,不断让李逵小朋友体验做好事和做坏事的不同感受,让他感觉到做坏事会有愧疚感,那他以后就不会做坏事了。

这样的道德来自每个人"内心要做好人"的冲动,也就是俗称的"良心"。中国古代的哲学家孟子就是这么理解道德的。孟子认为,每个人看到陌生的小孩要掉到井里,都会下意识地着急。这个"着急"是人类天生的本能,这个本能就是道德的来源。

这是第二种说法,道德来自每个人内心的本能。

紧接着又来了第三个小朋友——"杨子",这位小朋友更难对付了。杨子是中国古代的哲学家。按照孟子的说法,杨子这个人非常自私,如果让杨子从身上拔下一根毛,哪怕对全天下有好处,杨子都不拔。"一毛不拔"的成语就是从这里来的。

杨子的思想在哲学上叫作"自利主义"。自私自利当然不好,但也可以理解,因为我们每个人心里多少都有自私的一面,这是人之常情。

作为一个自利主义者,有没有理由做好事呢?其实也有。

假设我们就是传说中的"杨子",极端自私。有一天,老师和同学

如果得不到表扬，还要不要做好事？

正好都不在教室里，屋里只有我一个人，我能不能把同学的东西占为己有呢？这样做对我有好处吗？

偷拿东西看起来是占便宜了，可是也要承担被抓住的风险。偷拿了别人的东西后，我心里会惴惴不安，总会担心被人发现，坐立难安。

拿了一次别人的东西，占了便宜，第二次再拿别人东西的可能性就变大了。如果养成了习惯，总拿别人的东西，次数一多，总会被人发现。俗话说"常在河边走，哪有不湿鞋"，等到被人发现的那一刻就太恐怖了，我们会接受惩罚，还会失去身边所有人的好感和信任。"信任"这个东西需要花费很多时间才能培养出来，我们一下子就失去了这么多人的信任，损失可比几件物品的价值大多了。

另外，孟子认为"人性本善"，我们每个人心中都有做好人的冲动。做坏事会违背我们心中的良知，降低自我评价，让我们的性格变得更加阴郁，减少生活的快乐。

所以就算站在非常自私的角度，我们也会发现，做坏事最终都会让自己吃亏。从长期看，最有利的做法就是做一个真诚的好人，得到周围人的信任与帮助，就像孟子说的"得道多助"，这样我们的利益才能最大化。因此即便从自私的角度看，在平时的生活里也应该遵守道德。这是自利主义者对道德的解释，这是道德来源的第三种说法。

刚才一共说了道德的三个来源：逻辑推理、道德冲动和利己的计算。在平时的生活里，这三个观点我们都用得到：

在和别人争论是非对错时,我们可以使用苏格拉底的办法,用道理和逻辑说服对方;

如果我们要扪心自问,追问自己为什么相信某种道德,那么问到最后,答案往往是内心深处的道德冲动——我就相信这么做是对的,没什么道理可讲;

利己主义也有用处,可以用来回答一些特殊的道德问题,比如,我为什么不能撒谎?

我们从小就被大人教育不能撒谎,可是大人有时也会撒谎。比如

如果得不到表扬，还要不要做好事？

大人之间的客套，遇见一个不喜欢的人还是要说好听的话恭维对方，严格说也算一种轻微的撒谎。那到底什么时候可以撒谎，什么时候不能撒呢？这时可以从利己主义的角度考虑。

撒谎这件事其实和偷拿东西类似，一旦被戳破就会失去别人的信任，潜在的代价是非常高的。而且撒谎比偷拿东西更难，因为一旦撒了一个谎，以后就要用无数的谎言去圆谎，多累啊。所以综合考虑，撒谎这件事的成本非常高、风险特别大，十分不划算。仅仅从自利的角度讲，我们也不应该撒谎。其实我们最熟悉的"狼来了"的故事就是从自利的角度告诫我们：撒谎会让自己吃亏。

⑩ 是不是只有小孩子才分对错?

是不是只有小孩子才分对错？

我们在上一篇里讨论了"为什么要遵守道德"。可是，如果有人偏要不讲道理怎么办？如果有人仗着比我们力气大、地位高，就不讲理，一言不合就揍人，那道德还有什么用呢？遇到这种情况，我们可能会觉得"道德"很虚幻——现实世界讲的是实力，道德只是一件好看的遮羞布。

乍一听似乎有点道理。比如在中国近代史上，外国列强在侵略中国的时候，他们仗着自己有实力，根本不管什么道德不道德，就是不讲理地欺负人。所以当时有一句话，叫"公理不能战胜强权"。跟坏人讲理没用，还是得自己的实力强。要想不被欺负，关键不是高喊道德，而是让自己变强大。

那是不是这个世界上就只有强权，没有正义了呢？其实也不是。这里有一组重要的哲学概念，叫作"实然"和"应然"。"实然"的意思是实际发生的事情。"应然"是事情应该的样子，也就是"这件事这么做是对的"。

举个例子。如果你看到教室的地上有一团废纸，你可以说："地上有一团废纸。"这里说的是"实然"。但同时"这团废纸应该扔到垃圾箱里"，这里说的就是"应然"。

有一位叫"休谟"的苏格兰哲学家，他提出一个重要的观点：我们不能从"实然"中推导出"应然"。换句话说，我们不能从"世界是这样的"，推导出"世界应该是这样的"。

好比说有一个班级，平时特别乱，同学们上课打闹，不好好听课。这时候班上有个同学说："我们班特别乱，大家都不好好听讲。"这是客观事实，是"实然"。那他能不能接着说："所以我们班就应该乱，就应该不好好听讲。"这就没道理了吧？

现实是什么样，这是一回事；应该怎么样，这是另一回事。不能从前者推导出后者，这就是不能从"实然"中推导出"应然"。所以鲁迅先生有一句很有名的话："从来如此，便对么？"当时封建礼教已经在中国存在好多年了。那我们能不能说，因为在过去几千年里地主一直都能欺负老百姓，所以地主就应该欺负老百姓？显然是不对的。

明白了这个道理，我们再看一开始的问题。有一些人可以靠强权不讲道理，这是"实然"。那我们能不能推导出，在这个世界上就应该不讲理呢？当然不能了。好人挨欺负是没办法，不代表好人就该被欺负。

历史上有一个真实的例子。第二次世界大战后，世界曾经分成了两大阵营。美国为了他们阵营的利益在越南发动了战争，就是我们常说的"越战"。如果我们认为世上没有公理，那这场战争就无所谓正义不正义，谁赢了谁就是对的。然而当时有一位英国哲学家叫罗素，还有一位法国哲学家叫萨特，他们都认为美国的做法是不对的。按照国籍来说，他们应该和美国是同一阵营。可是罗素他们找了一帮世界知名学者，聚在一起组成了一个法庭，公开审判美国在越战中犯下的罪行。最后法庭宣判，当时的美国总统、国务卿、国防部部长全都是战争罪犯。当然，这个审判没有实际意义，也不可能真把美国总统抓起来。但是这个审判至少说明了在强权之下，还是有正义和不正义的区别，虽然不能改变现实，但至少可以公之于众，表明立场。这样的例子在中国历史上就更多了。在古代，很多读书人在兵败亡国的时候表现出高尚的气节，因为他们认为，正义是不会因为强者的欺凌而消失的。

有人可能会反驳：强者也不傻呀，强者不光能拿着刀枪逼弱者屈服，强者还会利用他们的力量，想办法推行对他们有利的道德标准。比如中国古代的皇帝会推行三纲五常，强调臣子要对君王忠诚和服从、儿子要无条件服从父亲的权威才是正确的。而且规定只有这套道德标准学得最好的人才能当上大官。久而久之，古代的读书人都接受了这套道德标准。当时还有一句话，叫"纲常千万年磨灭不得"，意思是，哪怕王朝灭亡了，宇宙毁灭了，三纲五常还是正确的。听上去这好像符合咱们刚才说的，正义不因强权而磨灭，但仔细一想，这所谓的正义不就是强权推行的结果吗？这不还是变相的只有强权，没有公理吗？

这个问题很多哲学家都思考过：有哪些道德准则是在任何情况下都应该遵守，跟社会习俗、历史环境无关的呢？哲学家们得出的结论不尽相同，但也有一些准则是大多数人都认可的，这里说两个最常见的：

第一个规则是孔子的"己所不欲，勿施于人"。我自己不愿意接受的事，也不能施加在别人身上。类似的话在好多文明的经典里都出现过。

第二个规则来自康德：人在任何时候都要被当作是目的，而不能仅仅是手段。比如我是一个工人，那么在工作的时候，我就是工厂完成生产任务的手段。这是可以的，但我不能仅仅是手段。不能说我人生的目的就是为了工作，一辈子都要服从工作，而是要让工作成为我实现人生价值的手段。

是不是只有小孩子才分对错？

这个原则其实说的是对人的尊重，把人当成了人，不是一件东西。儒家也是这么讲的，孔子和孟子都特别强调"仁"，也就是"爱人"。有一次孔子下班回到家，听说家里的马棚着火了，孔子先问："伤着人没有？"他没有先关心马怎么样。这里体现的就是对人的尊重。

这两条准则——"己所不欲，勿施于人"和"不把人仅仅当作手段"——都很简单。但是以这两条为基础可以推导出很多道德准则，比如要与人为善、要扶弱济贫、要尊重别人。这些道德准则就是在强权之下依然可以成立的公理。

这些准则看上去平平无奇，但其实很有用。因为有的时候，社会的价值观会发生剧烈的变化。昨天觉得理所当然的事，今天就变成了十恶不赦。有可能你之前一直觉得自己是一个好人，突然有一天变成了大多数人眼里的坏蛋。这种感觉就好像本来稳定的世界，突然变得狂风暴雨。上面这些道德准则就是暴风雨中的基石，是我们心中善恶是非最后的立足点。

11

好人永远都不会做坏事吗?

好人永远都不会做坏事吗？

我们都想和好人做朋友，离坏人远一点，可是，怎么才能分辨出谁是好人谁是坏人呢？

理论上似乎很简单，只要检查一个人干过的所有事就可以了，如果他做过的好事比坏事多得多，那就算是一个好人。这个"检验证据"的方法在哲学里叫作"实证主义"。意思是我们想证明一件事，就去检查关于它的所有证据，证据符合了，这件事就是真的。

这个方法听起来没什么问题，可是哲学家却认为它不实用。因为我们很难找到关于一件事的所有证据。

比如，我们为什么认为乌鸦都是黑色的？当然是因为人类见过的所有乌鸦都是黑色的。可是，人类见过的乌鸦只是全体乌鸦中的一部分，这个世界上还有好多乌鸦没有被人见过呀。比如深山老林里的乌鸦，还有尚未出现的乌鸦，它们也都是乌鸦，有谁检查过它们的颜色呢？凭什么认为它们也是黑色的呢？

你也许会认为我在抬杠。可是历史上有一个真实的例子。

在很多年以前，欧洲人认为世界上所有的天鹅都是白色的，因为他们只见过白天鹅。结果到了明朝的时候，欧洲人发现了澳大利亚，在那里见到了大量的黑天鹅。对于当时的人来说，这就跟咱们今天发现"乌鸦还有白色的"一样，认知被颠覆了。现在还有一个名词叫"黑天鹅事件"，指的就是完全出乎预料的事件。

"黑天鹅事件"说明，想要彻底证实一件事是不可能的。比如我们要想严格证明一个人是好人，那就得观察他完整的一生。万一观察了十年，他都是好人，结果到了第十一年，这人突然狂心大发，干了一件大坏事，那前十年的观察不就都错了吗？

白居易有一首诗："周公恐惧流言日，王莽谦恭未篡时。向使当初身便死，一生真伪复谁知？"说的是历史上的两个真实例子。

诗的第一句提到的"周公"是周朝的政治家。周公的哥哥是周朝的开国君主周武王，周武王死后，他的儿子继承了王位，成了新的周王。按照辈分来说，这位新周王是周公的侄子。可是新周王的岁数还小，管理不了国家，于是作为叔父的周公宣布自己暂时替他管理国家。这件事在当时引起轩然大波，因为周公的决定并没有经过所有贵族的同意。很多人怀疑周公居心叵测，想要趁机篡位夺取天下。结果过了很多年，周公把国家治理得井井有条，等新周王长大后，周公主动把权力还给了

好人永远都不会做坏事吗？

他。事实证明周公没有篡位的打算，是真正的大好人。周公也因此成了中国古代有名的圣人，连孔子都崇拜他。

诗里第二句提到的"王莽"，是西汉末年的大臣，做事特别守规矩，是个道德模范。当时的人都认为王莽是贤明之人，拥护他当大官儿。然而等王莽的名声高到一定程度后，他逼着汉朝的皇帝让出皇位，自己当皇帝了。"篡位"这个行为在古人看来属于大逆不道，王莽也因此成了大恶人。

白居易在诗的后两句里向人们发问：假如周公和王莽年轻的时候就死了，历史会怎么评价他们呢？恐怕和他们真正的为人正好相反。也就是说，就算我们观察了一个人完整的一生，也未必能真正客观地评价他，那在一个人的一生还没有结束前，我们怎么知道他到底是什么样的人呢？所以有个成语叫"盖棺论定"，意思是要评价一个人，得等到他死后才行。可是这个方法没法执行啊。比如有个人要和我做朋友，我说不行："因为我现在不知道你是什么样的人。我要观察你一直到你死。

好人永远都不会做坏事吗？

等你死了以后，我才知道能不能跟你做朋友。"——这太荒谬了。

所以我们评价身边的人，只能说这个人到目前为止暂时是个好人。按照他过去的表现，我们估计他将来仍旧是好人的概率很大。至于未来能不能永远是个好人，我们只能老老实实地回答"不知道"，他是有可能变成坏人的。

那我们从此以后还能相信别人吗？是不是和别人交往的时候，要时刻保持警惕，预防朋友突然变成坏人呢？

你可能听说过这样一个故事：有一个班的学生被坏人绑架到一个小岛上，坏人让班里的同学互相伤害，只有唯一活下来的学生才能回家。因为最后只能有一个胜利者，所以每个人都不能和别人结盟——哎，是不是眼熟？这不就是我们之前提到过的霍布斯的"一切人对一切人的战争"嘛。按照霍布斯的理论，在这种情况下，每个人最合理的选择是先下手为强。你可以想象一下，假设现在把你和你的同学都放到小岛上玩这个残酷的游戏，输的人永远都见不到爸爸妈妈了。你会怎么做呢？你会伤害别人吗？你身边的同学里，又有多少人会主动伤害你呢？

这个故事可怕的地方是，我们平时关系很好的伙伴、品德高尚的同学，在极端的规则下也有可能变成伤害我们的坏人。如果你觉得刚才的规则还不足以让人做坏事，那规则还可以改得更残酷。比如这场游戏的输赢不光关系到你自己一个人，还涉及你的家人。也就是说，如果你输了，你最爱的家人就会受到残酷的折磨，那你还能坚持做一个好人吗？

如果获胜的人能够得到超级多的财富，让全家人过上永远幸福的生活，还会有多少人继续做好人呢？如果伤害别人的过程是匿名的，就算干了坏事也没有任何人知道是谁干的，还会有人继续做好人吗？这个规则还可以无限地改下去，让坚持做好人的难度越来越大。到最后几乎没有任何人能坚持下去。

当然，这个世界上确实有一些人可以坚持到最后，他们在任何情况下都能做一个好人。他们是人性中最伟大的那部分，他们是人类的希望。但是大多数人坚持不到最后。这不是因为我们太脆弱，而是因为人性的承受力本来就有限。在极端环境下，大多数人都可能变成坏人。

所以当我们说一个人是好人时，还应该附加一个条件：说清楚这个人在什么样的环境下才能当好人。

可以把我们可能遭遇的环境分成三种。

第一种是我们现在的日常生活。每个人都能吃饱穿暖，身边有法律、有道德。在这样的世界里，如果一个人能遵守法律和道德，不占别人便宜，不欺负人，甚至还能无私分享，主动帮助别人，那就是一个很好的人了，我们可以跟他做朋友。

第二种环境就要乱一些了，人们的生存受到了威胁，但是只要团结在一起，还是有生存的可能。比如在户外遇险，比如遭遇自然灾害，在这样的环境里，有一些人可能经不住考验，遇到危险先想着自己。他们也不一定就是坏人，可能只是软弱一点。也有不少人能挺身而出、帮助

好人永远都不会做坏事吗？

弱小，甚至会牺牲自己帮助别人。他们是超级大好人，特别值得我们信任。

还有第三种环境，就是前面说过的，有一些规则鼓励人和人之间互相伤害，甚至不伤害别人自己就生存不下去。这个时候，会有不少人做坏事，甚至有些人会兴高采烈地主动欺负人。万一处在这样的环境里，我们用不着感叹人心堕落、世道变坏，因为人性亘古不变，坏的只是规则。我们可以把注意力放在怎么让自己和家人活下去，不主动害人的同时也时刻提防着被别人害。如果还有余力，就尽量帮助别人。用一己之力在无尽的黑暗中留下一点闪光。这是我们对坏规则最好的抗争。

⑫ 为什么我总是抹不开面子？

为什么我总是抹不开面子?

你是不是觉得自己"脸皮薄"呢?比如不好意思跟陌生人说话,或者只要被批评一下,脸上立刻就挂不住了。甚至还有人笑话你,说你们"这些当学生的"脸皮就是薄。

其实"脸皮薄"不是缺点,它的背后有着深厚的历史渊源。这次我要请你玩一个"穿越游戏",我请你穿越回古代,去发现关于"脸皮薄"的秘密。

这一次,你要扮演古代普通农民家庭的一家之主。古代人的家庭不像我们今天这样只有三五个人,而是几十个人甚至上百人住在一起的大家族。这是因为古代老百姓的生活风险太高,三五个人的小家庭很难生存。必须几十人、上百人生活在一起,组成一个同吃同住、共同劳动、互相帮助的集体,才有可能活下去。

你现在就是这个大家族的族长了,你要管理好几十个人一起劳动和生活，那你首先要担心的是什么呢？

在我看来，最应该担心的是人性的自私。既然所有人的吃、穿、用都是在一起的，那如果有人特别自私，只知道混吃混喝怎么办？如果他每天干活儿就是装样子，等到吃饭的时候使劲吃，那他不是太占便宜了吗？时间长了，如果大家都模仿他，整个家族就没人干活儿了，那这个家族还怎么生存下去呀。

如果是你，你会怎么解决这个问题呢？怎么衡量每个人为家族做了多少贡献呢？你可能会想到设计一套计分系统。为家族做出贡献能得到积分，最后按照分数多少来分配资源——就像工资一样。这样多劳多得，就没人会偷懒了。

这个想法听起来很合理，但在古代很难执行。因为计分需要会算数、会写字，还得有个记录本。可是纸张直到宋朝才普及，对普通农民来说比较昂贵，算数和写字也不是人人都会。更重要的是，一个家族里的工作种类有这么多，种地、砍柴、洗衣、做饭……每一个工种的贡献度怎么换算呢？怎么换算才能让大家伙儿觉得公平呢？这套东西对古人来说太复杂了。

还有什么别的解决方法呢？

中国古人找到的方法，就是"面子"。"面子"在古代的大家族中起到了计分的作用——计算每一个小家庭对于大家族的贡献度。个人对家族的贡献大，他所属的小家庭就会觉得"脸上很有面子"，受到尊敬；

为什么我总是抹不开面子？

要是这个人光吃不干、投机耍滑，他就会被人说"不要脸"或者"你给你父母丢脸了"，意思就是"你让你的小家庭没有面子"，你的小家庭因为你被扣积分了。

举个例子，有时大人批评我们，会说我们"没出息"。比如和不太熟悉的亲戚一起聚餐，你在餐桌上逮着自己喜欢的菜一个劲儿地大吃大嚼，很可能会被大人说"没出息"。再比如我们不好好学习，也会被大人教育："你得好好学习，这样才能有出息！"——奇怪了，餐桌礼仪和好好学习是八竿子打不着的事，怎么都跟"没出息"有关呢？

因为这里的"没出息"指的就是"没面子"。在古代，家族成员常在同一张大桌子上吃饭。古代食物非常紧缺，能吃到多少食物是非常重要的利益，所以在餐桌上也会使用"面子计分"系统。如果有人专门挑贵重的食物吃，那就等于损害了全家族的利益。一个人多吃了，他所属的小家庭的"面子"就要被扣分，于是贪吃的行为被定义成"没出息"。如果是小朋友贪吃，小朋友的父母在外人面前会觉得脸上火烧火燎，这种脸上火烧的感觉是在提醒他们："你的小家庭被扣分啦，你得想办法啊。"于是父母就会很生气地给孩子来一下子："吃没吃相，真没出息！"

同样，学习成绩也和"面子计分"系统有关。在古代，一个家族想要兴盛，最有效的手段是家族里有人当官。隋代以后，老百姓想要当官就要参加科举考试，但是古代读书的成本很高，考上的概率又太低。所以很多家族会集中所有的资源去供养几个学习成绩最好的后辈。后辈一旦当上官,就有义务维护整个家族的利益,也就是古人常说的"一人得道,鸡犬升天"。所以在传统观念看来,读书不是一个人的事,而是一个家族的事。如果一个孩子读书成绩特别好,那么他所属的小家庭就会在大家族的面子系统里得到一个超高的分数,会觉得脸上有光,这个孩子也会被看作是"有出息"的人。

总之,"面子"是古代家族的计分系统,用来计算每一个小家庭对整个家族的贡献度。

更妙的是，面子系统很容易推广。它不需要复杂的知识，只需要一套道德观念就能实现。这套道德观念就是中国儒家讲的"礼"——"礼貌"的"礼"。儒家要求每个家庭都要教育孩子懂"礼"，爱面子，把"懂礼貌"看成做人的头等大事。所以中国人最怕自己家的孩子没礼貌——我们偶尔见过有人说"读书无用"，但是从来没见过哪个中国人以不讲礼貌为荣的。

那这个"礼"是怎么教给孩子的呢？光用嘴说没有用，关键是培养孩子的羞耻心。如果孩子犯了跟"礼"有关的错误，家长会说："你这样做太丢人了！""你怎么没家教呢！""别出去说你是我的孩子！"这些批评其实是在把面子系统变成孩子的本能。等到训练好了，这个孩子再遇到会降低家族积分的事，就会觉得脸上火烧得慌，就会觉得"没面子"了。

这就是我们"脸皮薄"的原因。别人向我们提出过分的要求，我们不好意思拒绝，那是因为古代的家族是个小型的互助组织，拒绝别人的要求会减很多分。别人的一点点批评，我们脸上就火烧火燎，那是因为在大家族里，被别人批评就相当于被人指责自己的贡献太少。说明我们在别人心目中的面子积分要比我们自以为的更低。所以我们脸上要火烧火燎的，提醒我们自己被减分了。我们还迫不及待地想"挽回面子"，其实就是想把积分加回去。

这套面子计分系统在学生时代同样有用。因为学校也是一个小型的熟人社会，我们会和同班同学长期生活在一起，而且同学之间直接的利益冲突不多。所以班级和古代的大家族很像，古人的"面子计分系统"在班级里一样有用。想想看，如果班里有一个只想占别人便宜，不愿意付出的厚脸皮的同学，是不是时间长了大家都不愿意和他玩了？所以作为学生的我们才会"脸皮薄"，因为"脸皮薄"的人在学生时代不吃亏。

但是学校之外的世界就不是这样。在社会里，人的流动性很强。很多人只是偶然遇见一回，之后再也没有打交道的机会。既然大家只相遇一次，那面子计分系统就没有意义了。在有些自以为"懂社会"的人看来，给别人留下好印象没有用，更重要的是眼前的利益。所以我们会觉得，社会上有些人做事更圆滑、脸皮更厚。

如果我们到了社会上还延续过去好面子的习惯，就会被有社会经验的人嘲笑。我们还会听到一些特别市侩的俗语，什么"人不要脸，天下无敌""脸皮薄，吃不着，脸皮厚，吃个够"。这些很粗俗的话是用来告诫那些刚进入社会的人："原来那一套面子计分的系统不能用啦，现在要换另一套系统，不要老想着给自己的面子增加积分啦。"

那么，当我们进入社会以后，"脸皮薄"是不是就成了缺点呢？我觉得不是。按照中国的传统道德，脸皮薄是讲礼貌、有风度的表现，这是优点不是缺点。我们可以说脸皮薄的人容易吃亏，但是不能说脸皮厚就等于有智慧。如果你以后因为脸皮薄吃了亏，不需要有负罪感，这不是你的错。

更重要的是，"脸皮厚"也不一定就是最好的选择，因为人和人之间总是要合作的。"脸皮厚"虽然可以得到短期的利益，但是只有以诚待人才能换来长期的回报。看看那些真正做出成就的人，没有谁是靠圆滑和"脸皮厚"换来一切的。和人生长远的发展相比，一时的脸皮薄厚也就没那么重要了。

⑬ 面试的时候应不应该说实话?

你觉得我们公司有没有缺点?

神乎其技

你猜?

面试的时候应不应该说实话？

在上一篇的结尾，我们提到了在学校外有两种处事方式：圆滑和真诚。有人说："圆滑的人不吃亏，圆滑是成熟的标志"；也有人说："真诚是待人的必杀技。"那我们到底应该怎么做呢？

比如我们进入社会后，面对的第一个挑战可能是应聘工作。假设面试官问我们："你觉得我们公司有没有缺点？"我们该怎么回答呢？关键是我们不了解这个面试官是什么性格的人，那我们是该真诚地说出对方的缺点，还是圆滑地说点拍马屁的话呢？

这个问题有点复杂，咱们来玩一个游戏吧。

想象有这么一款网络游戏，玩家可以在游戏里合作消灭怪物，这样升级换装备的效率最高，但是也可以互相攻击。玩家互相攻击的规则是：谁先偷袭对方谁就能赢，赢的人就能得到对方的武器和装备。那么在这个游戏里，我们应该选择什么策略呢？比如我们遇见一个玩家正在打怪物，我们是做一个好人，帮助那个玩家一起打怪物呢？还是做一个坏人，偷袭玩家，抢人家的装备？

先说一个最简单的情况：假设游戏里所有的玩家都是匿名的，玩家在游戏里不显示名字，外观也一模一样。那么最优策略就是"先下手为强"，偷袭遇到的任何玩家。因为在这个规则下，偷袭别人不会受到惩罚，所以别的玩家会倾向于偷袭，那我还不如先下手为强。

但是如果游戏不是匿名的呢？玩家可以互相看到对方的名字，我和上百个玩家在同一个服务器里玩，时间长了，大家至少都混了个眼熟。在这种情况下，应该采用什么策略呢？

继续做一个见玩家就动手的"偷袭者"？那时间长了其他玩家都记住我了，我会犯众怒吧？以后谁都不愿意和我组队打怪物，谁见了我都立刻开打，那我的游戏成绩肯定不会好呀。

那做一个绝对不背叛别人的"老实人"？那时间长了，其他玩家都摸清了我的为人，会不会认为我好欺负呢？其他玩家只要高兴了，随时都可以抢劫我，我不就成了其他玩家的"提款机"了吗？任人宰割，游戏成绩也不会好啊。

对于这个问题，有人专门做过试验。试验者邀请了世界上顶级的数学家、心理学家、经济学家和政治学家，让他们制定各种各样的策略，然后在计算机中模拟，看看哪个策略的得分高。最终获胜的策略是这样的：我们在游戏里遇到一个玩家后，如果我们是第一次跟他见面，

面试的时候应不应该说实话？

那我们就做"老实人"，老老实实组队合作。当然，对方有可能选择偷袭我们。我们如果被偷袭了也没有关系，下次再遇见这个玩家，我们就重复他之前的行为。对方上一次是一个"老实人"，我们这次也做"老实人"。对方上一次做"偷袭者"，我们这次就直接偷袭他。用通俗的话说，这个策略是"第一次做好人，以后一报还一报"。别人怎么对我，我也怎么对人家。这相当于告诉其他玩家：我是一个愿意合作，但是不好惹的人。谁愿意合作我都欢迎；但是谁要是害我，那我肯定不会让他好受。这个策略还有一个小补丁：为了防止别的玩家也采用"一报还一报"的策略，导致大家陷入互相报复的循环中停不下来，我们还要偶尔地以德报怨一次，给大家一个握手言和的机会。

总结一下目前的结论：在一个"背叛别人可以得到好处"的世界里，如果大家只合作一次，那么做"偷袭者"就是最优的策略。在人们互相认识，大家会多次合作的熟人社会里，"第一次做好人，以后一报还一报，偶尔以德报怨一次"的做法，就是最合适的策略。

学校的班级就是一个大家会多次合作的熟人社会。所以"第一次表达善意，以后一报还一报"的策略，就是我们和同学相处的最优策略。比如在刚开学时，我们遇到新同学应该表达善意。就像我们进入新班级前，家长会嘱咐我们："对同学要有礼貌，要搞好同学关系啊。"

但是如果已经和这个同学有过来往了，我们可以采用"一报还一报"的策略，你对我怎么样，我就对你怎么样。这么做其实是在向周围人释放信号,告诉大家我是个"以德报德,以怨报怨"的人。那么只要是理性的同学,就会选择对我好。如果采用相反的策略呢?假设某个同学选择欺软怕硬,谁对他好他就蹬鼻子上脸占人家便宜,谁欺负他他就卑躬屈膝送上笑脸。那大家当然都会选择欺负他了。

最后,别忘了还要偶尔"以德报怨"一次。如果我们和某个同学较上劲了,互相"冤冤相报何时了",那随着大家较劲的次数变多,可以偶尔宽容一次,向人家表达善意。也许对方和我们一样是"有仇必报"的好人,心里本来早就想和解,那我们不如给他一次下台阶的机会。

在人和人会反复合作的熟人社会里,"第一次和善,以后一报还一报"是行动的最优解。但是在学校之外的大社会就不一定了。有些地方人员流动性很大,大多数人只合作一次,人们做"偷袭者"的可能性就

面试的时候应不应该说实话？

会更大。我们自己当然不做坏事，但是要提防别人做坏人。就好比我们在荒郊野外遇到一个强壮的陌生人，自然会紧张，把他当成潜在的坏人防范。所以小时候家长才会教育我们："不要轻易相信陌生人，不要吃陌生人给你的食物，不要和陌生人说自己家里的真实情况。"旧社会还有一些俗语，歧视"车船店脚牙"这五种职业——驾夫、船夫、旅店老板、帮忙运东西的脚夫以及中介——在古代都是流动性很强的行业，招待的都是陌生的客人，所以做坏事的概率更大。哪怕到了现代社会，在没有评分软件的时代，景区的商店饭馆往往质次价高；在没有摄像头的年代，火车站和长途汽车站的犯罪率相对较高，都是同样的道理。

明白了这个道理，我们就可以回答刚才的问题了：应聘工作的时候，如果我们不了解面试官的为人和脾气，那我们是应该真诚一点，还是小心谨慎一点呢？

可以看看公司的规模有多大。

如果是一个几百人上千人的大公司，人员的流动性比较大，人们日常交往的风气就更倾向见机行事和小心谨慎。尤其是跨部门同事的往来，更容易说套话，说"大词儿"。"大词儿"就是唬人、正确，又没有什么信息量的词，特别适合在公开场合掩盖自己的真实想法。在这样的公司里和陌生人第一次交往，不妨采取"第一次合作要防备"的策略，说话不得罪人、不留把柄。真诚要留到和同事互相熟悉了以后再说。

如果应聘的是一家几十人的小公司呢？那就是熟人社会了，人们说话比较实在，领导也没什么架子（如果有架子赶紧跑）。在这样的小公司里，面试我们的人多半是将来会朝夕相处的同事，我们和面试官之间要进行的是多次重复合作。所以可以采用"先表达友善，再一报还一报"的策略。在面试的时候可以真诚一点，等到进入公司后，再去做一个"坏人惹不起的好人"。

有人说，我们进入社会后就要抛弃"学生思维"，当一个"成熟的社会人"了。其实这事没有这么复杂，我们自始至终都可以只做一种人：不许别人欺负我的好人。只是由于学校和社会的规则不同，我们采用了不同的最优策略。

14

怎么劝说父母给我更多自由？

怎么劝说父母给我更多自由？

你觉得"自由"是个好东西吗？我们应不应该追求自由呢？

有的老师上课会这么说："自由是个好东西，每个人都有追求自由的权利。"接着，老师会话锋一转："但是这个世界上没有绝对的自由，只有相对的自由。你说，人们总不能有上街随便抢东西的自由吧？所以虽然自由是好东西，但是你没有上课随便说话的自由，必须服从老师的管理。你也没有上街随便抢东西的自由，必须服从法律的约束。"——合着说了半天，我们能有多少自由，得听老师和家长的，那不还是没有自由嘛！

可是老师的话也确实有道理啊，人们的确不能想干什么就干什么。如果自由没有限制，行为没有约束，那么别人也就有了随时伤害我们的自由，这样的自由只会造成世界的混乱。那我们该怎么理解"自由"这个东西呢？我们到底可以拥有多少自由呢？

这里可以使用前面提到的霍布斯的解释：我们无法生活在绝对混乱的世界里，所以我们自愿放弃一部分自由，用来换取集体的保护。我们可以把这件事看成和集体的"交易"。

也就是说，我们之所以放弃了"上课随便说话"的自由，是因为我们和学校签订了一份"契约"——我们牺牲一部分自由，换来更好的课堂秩序和教学质量。如果我们在课堂上一直说话捣乱，老师怎么劝说都不听，那么老师最后可能会说："你给我出去！不想听就别听了，别影响其他人！"老师的意思是，既然我们不愿意交出"不说话"的自由，那么只能中止契约，我们也就失去了在课堂里接受教育的权利。而其他同学和老师之间的契约仍旧有效，我们不能影响其他同学的权利，所以我们只能离开教室了。

说到这里都没问题吧？但是接下来我们就要忍不住吐槽了：霍布斯口口声声说放弃自由是一种交易，可交易应该是以自愿为前提的啊。但是有人问过我的意见吗？在我出生以后，在我入学之前，有个人拿了一份契约过来，问我签不签字吗？再说就算我同意签订契约，那也得商量一下契约的具体条款啊。买东西还能挑挑商品呢，人身自由这么大的事，我到底要交出什么自由，得到什么权利，难道不能商量一下吗？

假设有一天放学回家，你想要先看会儿动画片再写作业。但爸爸妈妈不同意，他们说："你必须先写完作业再看动画片，你没有先看动画片的自由。"这个时候，你能坐下来跟爸爸妈妈谈判吗？能跟爸爸妈妈

聊聊什么叫自由，什么叫权利，什么叫社会契约论吗？你能不能在他们面前大声宣布："我拒绝放弃看动画片的自由，相应的权利我也不要了"？如果你真这么说了，结果应该是被爸爸妈妈狠狠训一顿吧，哪里还有什么讨价还价的余地呢？

但其实是有的。

咱们照例通过一个思想试验，来看看"自由"到底是什么。

假设有一天，你要到一座全新的主题公园里玩。现在有两种玩法可供选择：一种是自由行，你想去哪儿就去哪儿；一种是按照导游规划好的一条最完美的旅游路线游玩，你听导游的。

你会选择哪种玩法呢?不好说吧?可能每个人的答案都不一样。这跟我们的性格有关,也跟公园本身有关。如果这是一座世界顶级的公园,每个游乐设施都好玩,那你可能会倾向于自由自在地玩。如果是一座水平一般的公园,游戏设施质量参差不齐,甚至有一些"坑人"的地方,那可能还是听从导游的安排最好。

表面上看,你自己想怎么玩就怎么玩,肯定比跟着导游更"自由"。但是在有些情况下,你会放弃这份自由。因为你在得到自由的同时,要承担相应的风险。自由是有代价的。

举个更极端的例子。假设你这次去的不是游乐园,而是危险的雷区,到处都是隐藏的地雷。你是希望自由自在地走,还是老老实实跟着向导走呢?当然是后者。

在很多人的印象里,"自由"是个轻飘飘的词,好像天上的鸟儿。其实自由很沉重,好像一块压在我们身上的石头。我们拥有的自由越多,压在身上的重量也就越大。我们能拥有多少自由,就取决于我们能承受多大的负担。如果我们撑不住某个自由的重量,甩手让别人去撑着,那这份自由也就是别人的了。

比如我们把课余时间都用来玩,而不是学习,那这份自由背后的代价是什么呢?是有很大可能学习成绩下降,将来进不了好的大学,找不到理想的工作。这个后果是由谁来承担的呢?是我们自己和我们的爸爸妈妈。我们和爸爸妈妈是一家人,如果我们长大后遇到了经济危机,那爸爸妈妈一定会资助我们,至少也会管我们吃饭嘛。既然爸爸妈妈承担了一部分"我们不好好学习"的代价,那么我们今天的自由时间里,也就有一部分是属于爸爸妈妈的。

换一种情况,如果是一位不太熟的同学正气凛然地教训我们:"你假期为什么不补课,为什么浪费时间!你不好好学习你可耻!"我们只会认为这人莫名其妙,管得太宽了。为什么会这么想呢?因为这个同学不用为了我们将来找不到工作负责。他承担的责任是零,所以他干涉我们的权力也是零。

自由和责任息息相关。知道了这一点,我们也就知道怎么增加自己的自由了。从根本上说，我们想拥有更多的自由，就必须负担起更多的责任。

还是刚才的例子：放学回家后，你想先看动画片后写作业，应该怎么说服父母呢？想想爸爸妈妈坚持让你先写作业，背后的原因是什么呢？他们是担心你看完动画片后迟迟不写作业，养成拖延的学习习惯。要说服父母，那就要为这个后果负责。

比如我这样跟爸爸妈妈说："我保证看多少分钟的动画片，然后立刻开始写作业，在几点之前把作业写完。如果我没有做到，今天晚上我

怎么劝说父母给我更多自由?

就不看动画片了。"在这个承诺里,你愿意为自己"养成不良的学习习惯"的后果负责,所承担的代价足够大。如果你之前对爸爸妈妈一直都能信守承诺,那只要是通情达理的父母,就容易说服他们。

⑮ 什么才是自己真正想做的事?

什么才是自己真正想做的事？

如果有一天你放假了，正在自己的房间里一个人玩。就在这时，房门突然打开了，你最好的朋友站在房门口，慌慌张张地对你说："如果你相信我的话，现在马上跟我走！"说完抓着你的胳膊就往外跑。你连鞋都来不及换，跟着朋友一起冲出家门。

刚跑到小区里，就看见爸爸妈妈迎面跑过来，后面还跟着两个警察叔叔。

爸爸妈妈叫你的名字："孩子，别跟他走，危险，你快过来啊！"

你刚要过去，朋友紧紧抓住你的胳膊："别过去，你一定要相信我！我下面说的每一句话都极其重要！你现在其实是在虚拟空间里，你看到的一切都是虚拟出来的幻觉。有个坏科学家想要困住你一辈子，你要想回到现实世界，唯一的机会是现在跟着我冲出去！"

爸爸妈妈看你不过来，更着急了："孩子，快过来！那不是你的朋友，他是坏人，要骗你当人质，我们已经报警了！"

朋友说："你仔细想想，为什么你爸爸妈妈会恰好出现？这是虚拟系统怕你觉醒，要阻拦你。你如果跟他们走了，就会忘掉现在的一切。发现真相的唯一机会，是跟着我冲！"

——现在你会相信谁？

这是科幻作品里常见的桥段。假如有一个人对你说："现在的生活不是你自己选择的，你应该听我的。"那你要不要相信他？

是不是不太好回答？没关系，这个场景稍微变化一下，你就会很熟悉了。

假设有一天你放假了，正在房间里一个人玩。突然房门打开了，爸爸妈妈站在房门口，对你说："别玩手机了，我们给你报了补习班，现在跟我去上补习班。"

你肯定不乐意，好不容易放假了，谁愿意上补习班啊。你据理力争，表示不想去。

结果爸爸妈妈说："孩子，相信我们的判断。你现在想要玩是对生活的错觉。将来等你长大了就知道了，这不是你真正想要的生活。只有现在好好学习，将来才能过上舒适的生活，那才是你真正想要的。"

你觉得爸爸妈妈说的有道理吗？

你可能有点犹豫，犹豫就对了。"什么是真正的自由，什么是自己想要的生活"，这是个经典的哲学问题，不同的哲学家有不同的看法。

什么才是自己真正想做的事？

咱们不妨请哲学家直接过来说说他们的观点。

爸爸妈妈对你说："我们知道一两句话说不服你，没关系，有请哲学家！"说完屋里"嘣"一下，一股青烟散去，冒出一个外国老爷爷，身披白袍，长得有点儿丑。他就是苏格拉底。

苏格拉底对你说："人类最可贵的品质是讲道理，我现在就来跟你讲讲道理，讲讲什么是你想要的生活。"

——行啊，讲道理咱欢迎啊，看看他能讲出什么来。

于是苏格拉底开始长篇大论了：

"人不是动物。人和动物的区别是人有理性思维，动物没有。人类能用理性思维控制自己的冲动，这是人类强过动物的地方。如果你放假后，什么都不思考，按照本性想干吗就干吗，这就不叫有理性思维，这叫'不讲理'。没有理性思维的结果是容易后悔。比如你可能有过这样的体验：刚放假的时候，你精心制订了一个计划，让自己度过一个充实的假期。结果放假几天后，这套计划就被抛到脑后。一不留神，一看动画片就是一整天，看到最后头昏脑涨、倒头就睡。等到快开学的时候突然惊醒了：'怎么时间过得这么快，怎么突然就要开学了？我这一个假期什么都没干成，我好后悔啊！'——你说，这是你真正想过的日子吗？这样的日子其实不叫自由，你是被自己的欲望奴役了，你是欲望的奴隶。你要用理性控制欲望，做欲望的主人。所以孩子啊，跟我一起好好学习理性的知识，我们做一个理性的人，才能得到真正的自由！"说着，苏格拉底双手一挥，你的房间里出现了一道传送门。你探头往里面一看，里面是一大堆的书本和练习题。

——苏格拉底建议我们沉浸在理性的世界里，这样才能过上真正自由的生活。

咱们一听，这古希腊哲学家的嘴真够厉害的。甭管什么道理，经他这么一说，好像还真是那么回事。可问题是好不容易放假，真不想学习啊，他怎么又把话题拐到读书上了？

你和动物的区别是，你有理性，动物没有。

什么才是自己真正想做的事?

就在这时,救星来了。屋里"嘣"的一声,一股青烟,又冒出个人,当面就给了苏格拉底一脑嘣儿,说:"你少来!"咱们定睛一看,这位是个中国古人,披头散发,袒胸露怀,一只手拿着酒壶,喝得有点儿迷迷糊糊。他是中国魏晋时代的哲学家,叫作"嵇康"。

嵇康一屁股坐在地上,手伸进衣服里挠痒痒:"甭听那苏格拉底说什么理性不理性的。理性都是人类想出来的条条框框,都是束缚。你看

天上的云彩，树上的小鸟，一年不断变幻的四季，哪来什么理性和逻辑？这才叫无拘无束，这才是我们人类本来的样子。我们最好的状态是抛开理性的束缚，随意抒发心中的冲动和情感。想哭就哭，想笑就笑，做一个'性情中人'！跟我走，咱们唱歌跳舞去！"说着，他也打开了一个传送门，门的那边有一群人载歌载舞，热闹极了。

咱们一看，这个好啊！想哭就哭，想笑就笑，这不才叫自由吗？但是咱们刚要迈进这传送门，又犹豫了：嵇康的说法和苏格拉底的是矛盾的呀。苏格拉底说的也不是没道理呀。放纵感情当然快乐，但是放纵过后，也有可能后悔吧？到底该听谁的呢？要不凭喜好随便选一个？

就在我们抬腿刚要迈进去的时候，屋里"嘣"的一声，一股青烟，又冒出一位哲学家，一把抓住了我们。这位哲学家是克尔凯郭尔，他是"存在主义"的先驱。克尔凯郭尔大喊一声："别进！"把我们吓一哆嗦："啥意思？你也有意见啊？要是你觉得他俩说的都不对，那你说个对的呗。"

"不不不。"克尔凯郭尔直摆手，"我的意思是他们两个都对，但是他们对的地方不在于那个传送门里有什么，而是在于他们是怎么想出这些答案的。"

在克尔凯郭尔看来，对于"什么是真正的自由、什么是自己真正想要的生活"的问题，关键不是问题的答案，而是我们追求答案的过程。在我们身边，有很多人云亦云的人。老师、家长、书本、偶像、媒体告

什么才是自己真正想做的事？

诉他们什么生活是最好的，他们就觉得这是自己想要的。这些答案本身可能是对的，但只要这些答案不是我们认真思考得到的，就不是真正的自由。

> 对于"什么是真正的自由、什么是自己真正想要的生活"的问题，关键不是问题的答案，而是我们追求答案的过程。

换句话说，在自由的大海里，本来就没有固定的答案。不应该有一个人描述出一种具体的生活，告诉你："按照这个样子生活吧，这就是自由！"——这现成的答案恰恰就是不自由。我们应该自己寻找答案，这就是"存在主义"的自由。

怎么寻找答案呢？人们在极端情况下更容易看到自己的真实想法。比如可以试试这个思想实验：假设现在有一个坏魔王控制了你的生活。

你每天什么时候上学,什么时候写作业,什么时候看动画片,全都被这个魔王安排好了。一切都得按照魔王的规定执行,一分一秒都不能差。每天,你只有十分钟的时间可以自己安排。那么你会用这十分钟做什么呢?

我来说说我的回答:我第一个念头是用这十分钟向家人表达爱意,和喜欢的人共度快乐时光。因为在这个设定下,人一生的自由时间被凭空缩减了百分之九十九。我感到了人生短暂、时间宝贵。所以我思考的问题从"我每天干点儿啥好"一下子上升到"人的一生应该如何度过才不后悔",于是想到了"和喜欢的人共度快乐时光"。这就是我最想过的生活。

如果我们不想要这么严肃的答案,只想知道该怎么利用休息时间放松,那可以把这个问题修改一下,改成"假如我每天只有十分钟自由的时间,这段时间只能用来休息放松,那我该怎么度过呢"。

首先我想到的是玩,但是具体玩什么呢?显然,不能选择那些太耗时间的娱乐,比如好几十集的动画片、几十万字的长篇小说,或者需要长时间重复操作的游戏。即便是看短一点的动画片,也不会选择那些信息密度特别低、三言两语就能总结完的片子。这么一想,我只能选择那些内容更厚重的经典作品。甚至我不会选择娱乐,而是选择创造,去写点什么、画点什么。因为创造的可能性是无限的,我要创造出一些在这个世界上从来没有出现过的东西,这样才能证明我是一个拥有自由意志、独一无二的人。

——这是我自己想到的答案。这个答案不重要，你可以有完全不同的答案。重要的是在思考的过程里，我们能不断挖掘自己的想法，甚至会得到意想不到的答案。我们对待问题越认真，把场景想象得越真实，就越有可能看到真实的自己。

⑯ 如何保护自由不被破坏?

如何保护自由不被破坏?

上一篇里,关于自由我们讲了一大堆道理。我们引经据典,说得头头是道,可是如果大人根本不讲理,那又该怎么办呢?如果大人叉起腰说:"小孩子懂得什么,就得听我的!"那我们就算懂再多道理也没有用啊。

我们有时会觉得,我们的自由非常脆弱,强大的力量很容易摧毁它,甚至身边的小事也可以随时破坏它:我们随时可能被罚站、被批评,被通知开无聊的大会,被大人命令去做不喜欢做的事。自由就好像是清晨嫩叶上的露水,一不留神就会荡然无存。

但是有的哲学家不赞同,他们认为真正的自由是坚不可摧的,任何人、任何事都不能破坏它。而且只要我们愿意,立刻就可以得到它。

庄子就是这么认为的。你在学校走廊里见过的"吾生也有涯,而知也无涯"这句话就是庄子说的。庄子写了一本叫《庄子》的书,书里的第一篇文章叫《逍遥游》，"逍遥"的意思就是"自由"。庄子写这篇《逍遥游》，就是想论述真正的自由到底是什么样的。

庄子给自由下了一个定义，叫作"无待"。"待"字有"依赖"的意思，"无待"就是"什么都不依赖"。他举了一个例子，传说有一只大鸟，翅膀一扇风能飞好几万里。这速度比飞机都快，想去哪儿就去哪儿，这算是绝对的自由了吧？其实不是的。因为大鸟的飞行还要借助风的力量，没有风它就飞不了，所以这只大鸟是"有待"的。在庄子看来，如果我们像大鸟这样，不断追求更大、更有力量，那就错了，我们永远得不到真正的自由。想要得到真正的自由，就应该让我们依赖的东西越来越少。

比如有一天，你喜欢的玩具出了一个限量款。你非常喜欢它，认定了只有买到这个限量款的玩具才能快乐。这就叫"有待"，你的幸福必须依赖这一款玩具，你的自由因此变得非常小。未来的人生只有两个选项：要么是不惜一切代价买到这个玩

如何保护自由不被破坏？

具；要么是买不到，承受失望的痛苦。关于人生幸福只有这两个选项，没有别的选择，这就是极端的不自由。

如果你觉得也不一定非得买到限量款，你喜欢的玩具有一百种，买到其中的任何一个都快乐。那你的选择就多了一百倍，你的自由也多了一百倍。如果你觉得不一定非要买玩具。不买玩具也有别的办法让自己高兴，那你依赖的东西就更少，选择就更多，拥有的自由也就更多。

——你看，这个越来越自由的过程其实和外部条件无关。我们只是在改变自己的精神状态，就拥有了更多的自由。

很多人觉得，钱越多，人就越自由。我要是很有钱，可以想不上班就不上班，想出去玩就出去玩，这多自由啊。这么讲当然有道理，但金

钱不是绝对条件，如果一个人拥有的钱越多就越矫情，这也不行那也不行，反而不自由。

比如咱们钱不多，偶尔才能去一次高级餐厅，那么有机会吃一次高级宴就会很开心，这顿饭到处都是惊喜。有钱人虽然可以想吃什么吃什么，可如果他是个很矫情的人，就麻烦了。他吃一口菜，觉得这菜味道不对。一吸鼻子，这屋子空气不好。一抬头，服务员笑容没有平时热情……好家伙，吃一顿饭能有二百多件事让他不高兴。那这位有钱人也太不自由了。他的快乐依赖的条件太多，随便一件小事都能摧毁他的心情。他就是一个超级不自由的人。

所以要拥有自由，就要让自己的快乐尽量不依赖外界条件。很重要的一点，就是要把我们身边的一切东西当成为我们服务的"工具"，而不是反过来让我们依赖这个东西，成为它的奴隶。比如我们在很小的时候没有用过手机之类的电子产品，我们看书、玩玩具也能很快乐。后来我们大了一点，用上了手机电脑，我们有了更大的快乐，但也可能产生依赖——比如我们玩手机正高兴呢，突然有人把手机拿走了，我们有可能感到很痛苦，甚至觉得没有手机我们就永远不快乐了。那我们就跟刚才那个富豪一样，手机成了我们的弱点，我们因此不自由了。

应该怎么做呢？西方有一个哲学流派叫作"斯多葛主义"，主张我们应该用理性、冷静的方式对待快乐。其中有位叫"爱比克泰德"的哲学家说，我们对待享乐应该如同参加高级宴席。想象一下，假如我

如何保护自由不被破坏?

们参加一个非常正式的宴席,参加宴会的人都正襟危坐,那我们看见喜欢的菜能抱着盘子吃起来没完吗?当然不能,那样太失礼了。我们要坐在自己的座位上,看着一道道菜在面前传过,当这道菜传到我手边的时候,我好好享用它。当这道菜被传走后,我不会痴痴地留恋它,想方设法再吃一口,而是继续端坐在座位上,安静地等待下一道菜传过来。

这个比喻说明了我们和物质享受之间的关系:物质是满足我们快乐的工具,我们拥有它的时候尽情享受,但不能被它俘虏。庄子的主张更极端,认为人应该彻底抛弃物质。比如我们应该拒绝使用手机,这样就不用担心手机没电、没信号、被偷,不会总想着换新手机。总之,在庄子看来,我们牵挂的事情越少,我们就越自由。当然,我们不需要像庄子这么极端,不用真的拒绝手机。我们只要做到离开任何东西都可以正常生活,不会觉得很痛苦,就算是"无待"了。

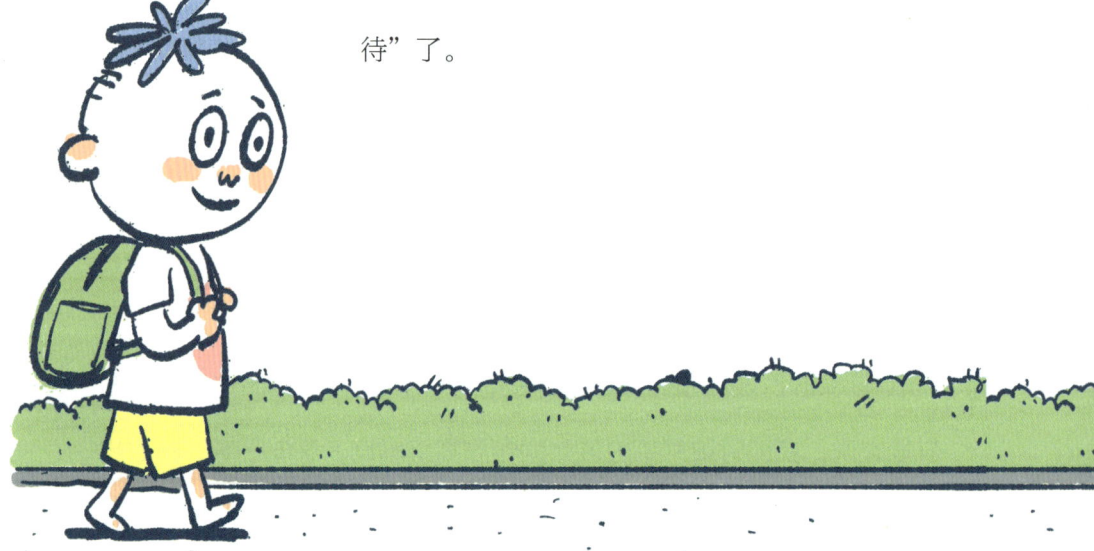

但我们还是会有疑问：如果什么东西都不依赖，什么东西都没有了，人怎么可能保持快乐呢？我要是没有手机了，就没有办法随时听歌聊天看动画片，那我的快乐在哪呢？

庄子会说，快乐就在天地之间。因为天地万物都是美的，只要我们不去想各种"杂念"——也就是不去想和人类文明有关的事，就可以欣赏到这种美。比如我们在上学的路上看到了一朵花，如果我们不去想今天作业有没有写完、会不会被老师批评、我比别人强还是比别人差；也不去想这朵花叫什么名字、它属于什么种类、值多少钱、要不要把它拍下来发给别人看——所有这些我们都不想，我们只是头脑放空地看这朵花，那我们就能体会到一种高级的美，这种美让我们非常快乐。当然也不用非得看花，在这样的状态下看待万事万物，都能体会到快乐。这种快乐只发生在我们的精神世界里，随时可以得到，所以它是不可摧毁的，它是"无待"的。

这就是庄子说的"天地有大美而不言"，也是苏轼在《赤壁赋》里

如何保护自由不被破坏？

所写的："惟江上之清风，与山间之明月，耳得之而为声，目遇之而成色，取之无禁，用之不竭，是造物者之无尽藏也……"——你看这江上的清风、山间的明月，取之不尽、用之不竭，是造物者为我们每一个人准备的无尽宝藏。我们只要抬头看看蓝天、闭上双眼感受轻风，就能立刻拥有它们。生活在这样的世界里，怎么能说是不自由的呢？

所以在日常生活里，我们可以做一个收集快乐的人，把遇到过的各种快乐都收集起来：我看过的动画片，特别喜欢的一块橡皮，我喜欢的人对我的微笑，一个最美好的下午。还有整个人类历史上，最优秀的人创造出来的所有美好的东西：文学，音乐，电影，无数个让我感觉时间仿佛暂停的瞬间，我都可以把它们装到心里。我们心中拥有的美好越多，我们就越"无待"、越自由。

⑰ 如何用哲学打败一只幽灵?

如何用哲学打败一只幽灵？

如果要你解决一个从未见过的新问题，你会茫然无措，不知从哪里下手吗？如果哲学家遇到这样的情况，他们会怎么办呢？这回，咱们就来看看哲学家怎么解决陌生问题。

首先，咱们来解决一个古怪的问题：怎么打败一只幽灵。

咱们都知道，世界是由物质组成的，不可能有妖怪、幽灵之类的东西。但是假设有一天，我们在野外真的遇见了一只幽灵，它的样子就和动画片里一样，好像一块白色床单，晃晃悠悠地在天上飘，床单上还有三个圆洞，代表眼睛和嘴巴，嘴里还念叨着："我是幽灵——你害不害怕？"我们会是什么反应呢？

假设我们的胆子够大，没有被吓跑，而是好奇地想研究研究这是个什么玩意儿，我们的第一反应可能是困惑：床单怎么会在天上飘呢？怎么可能会说话呢？这个幽灵到底是真的还是假的？会不会是恶作剧？

哲学家在认识世界的时候，提出过一个原则："超乎寻常的主张需要超乎寻常的证据。"我们要相信的事情越离奇，就越需要强有力的证据。如果我们走在马路上，用眼角瞥到路边有一根电线杆，那我们不用再看第二眼，就相信那确实是一根电线杆，因为"路边有电线杆"这事儿很正常。如果我们走在马路上，瞥到路边好像有个外星人，那我们一定得回头多看一眼，确定自己是不是眼花了。就算眼没花，确实是个外星人的造型，我们也会首先怀疑它是个模型、是人假扮的。总之，越离奇的假设，需要的证据就越多。

对于相信科学的我们，"世界上存在幽灵"是个超级离奇的假设，它违背了很多科学知识。所以我们见到幽灵时，正常反应是认为它是假的，试图从中找出更科学、更合理的解释。我们会仔细观察这个幽灵，看看是不是有一根绳子把它吊在半空中？它是不是个投影？还有它的声音是从哪来的，是不是有隐藏的喇叭？我们再回想一下自己之前有没有吃过可疑的食物、闻过可疑的气体，有没有可能是我自己产生了幻觉？

总之，我们会使尽一

如何用哲学打败一只幽灵？

切办法检查它。我们围着这个幽灵翻来覆去检查好几遍，发现它还真没法用科学解释，确实是个飘在空中的、会说话的怪东西，我们只好说："好吧，我相信你了，你的确是幽灵。"

幽灵这下得意了："我真是幽灵！科学也没办法解释了吧！你赶紧放弃科学，跪拜我吧，要不然我会伤害你！"

此情此景，你会不会觉得自己学过的科学知识都没用了呢？难道除了向幽灵下跪外别无他路吗？

当然不是。我们还有一个能打败幽灵的绝招没使出来呢。这个绝招只需要一个动作：伸出双手，堵住自己的耳朵。

——堵耳朵和打败幽灵有什么关系呢？

这里我们使用了一种叫"因果关系"的思想工具。如果有两件事 A 和 B，A 事件发生后，能够导致 B 事件发生，那就说明 A 事件和 B 事件之间有"因果关系"，A 事件是导致 B 事件发生的原因。比如"端起水杯往嘴里倒水"是"我喝到水"的原因，"不写作业"是"被老师批评"的原因……我们生活中几乎每件事都和"因果关系"有关。哪怕眼前这个"幽灵"也逃脱不了"因果关系"的规律。它刚刚宣称有能力"伤害我"，其实就等于宣布了一组因果关系：它认为，它做出的某件事和"我被伤害"之间存在因果联系。

我们只要能研究出这组因果关系的规律，就能找到打败幽灵的办法。"堵耳朵"正是为了发现其中的因果关系。

刚才我们听到那个幽灵说话了。我们为什么能听见说话声呢？因为有空气振动。人们说话时声带会产生振动，声带的振动引起了空气的振动，空气的振动引起了我们耳朵里的鼓膜振动，我们才能听见声音。

我们现在用两只手堵住耳朵，试试还能听得见幽灵说话的声音吗？如果堵住耳朵后我们听不到幽灵的声音，把手从耳朵上拿开又能听到声音，那说明这个幽灵的叫声是通过空气振动传播的。也就是说，这个幽灵能引起空气振动。

空气主要是由各种气体组成的。空气的振动就是气体分子有规律的运动。要想改变气体分子的运动，就得用一些东西去撞击气体分子。就好比我们平时说话，是用我们的声带在撞击气体分子。也就是说，不管这个幽灵本身是什么东西构成的，至少它能发出声音的那部分结构一定是物质的，所以它才可能带动气体分子的运动。所以，这个幽灵至少有一部分是物质的。

只要这个幽灵有一部分是物质的，那就简单了。因为所有物质，只要遇到足够大的外力，就一定会被破坏。说白了，我现在要是捡起一个砖头拍这个幽灵，它一定会承受到砖头施加的压力。只要我拍它的力量足够大，那我就一定可以破坏它的物质结构。

这就是人类设计武器的思路，其中一个方向，就是不断增加向外释放的能量，增加破坏力。古人比武讲究"一力降十会"，说的就是只要一个人的力气足够大，他就能天下无敌。后来人类发明了火药武器，也

如何用哲学打败一只幽灵？

是因为火药爆炸的力量比人力大得多。之后人类不断往武器里塞进更多的火药，制造更大口径的炮弹，都是在想方设法增加武器的破坏力。基于物理原理，我们要想消灭一个由物质组成的东西，只要释放的能量足够大，就一定可以破坏它。用俗话说就是："一切恐惧来源于火力不足。"

如此一来，事情就简单了。不管这幽灵是什么原理形成的，只要它有一部分是物质的，我们就可以打败它。人类发明武器这么多年，不就是用来干这个的吗？

有人也许会说：万一我们穷尽了所有的手段，用人类最强的武器也破坏不了这个幽灵身体里的物质，那该怎么办啊？——那简直太好了啊！这说明这个幽灵所含的物质是人类从没见过的超级材料，那得赶紧拿来研究呀。要知道，现代的科技进步很大一部分都依赖新材料的发明。现在突然冒出来这么一个超级材料供人研究，往小里说这是个诺贝尔奖，往大里说可以改变人类文明的进程。过去做不到的那些事——比如超级宇宙飞船，从地面直达太空的宇宙电梯——没准儿都能实现，这难道不是超级大好事！

所以要是真遇到这么一个幽灵，咱们得替全人类好好谢谢它："大哥您千万别走，您在这儿待住了！您就是人类的希望。像您这样的妖魔鬼怪还有没有啊？您都叫来，我们特需要！"

还有另一种可能：我们堵上耳朵，还是能听到幽灵的声音。幽灵这下得意了:"你看,我可不是物质的,我身上一点儿物质都没有!什么分子、原子、质子、中子,这些东西我统统没有!我看你们怎么研究!"

姑且接受它的说法:它能在我们的头脑中创造出某种幻觉,所以我们才能听到它说话,但是它自己身上一点儿物质也没有,所以扔砖头对它的确没有用……哎,等一下,那它又是怎么伤害我的呢?

我可是由一个个身体细胞组成的呀!任何事物对我产生影响,都要通过物理手段。比如我受伤了,是某些外力作用在我的肉体上,破坏了我的身体细胞,击破我的血管,让我流血;我看见东西,是光线射入我的眼睛里造成的;我听到声音,是我耳朵里的空气振动造成的。总之,我身体的一切变化都是物质直接或者间接的影响造成的。如果这个幽灵不包含任何物质,那它怎么伤害我呢?

当然,这位幽灵大哥虽然不是物质的,但是能让我看见画面、听见声音,的确挺厉害的。但是它接下来怎么伤害我呢?靠蹦出来吓我一跳?或者整天在我的脑海中说话,烦得我睡不着觉?这确实挺可怕,也确实能伤害我。但是这效果是只有我能体验到,还是所有人都能?

如果只有我能体验到,那就是说,我能看到和听到一个世界上其他人都看不到和听不到的幽灵,而且这个幽灵也不是由任何物质组成的,所以用科学仪器也检测不到——那这不就是我的幻觉吗?"幻觉"就是只有我能感觉到,而其他任何手段都检测不到的东西呀。对于"幻觉"

如何用哲学打败一只幽灵?

人类有标准的解决方案:我去精神科挂个号,该检查检查,该吃药吃药,自然有医生替我解决幽灵的问题。

如果不是只有我一个人能看到这幽灵,而是人人都能看到呢?那就更有意思啦!这个世界上竟然有个东西,不是物质组成的,还能有形状,还能说话,这背后得蕴藏着多少我们不知道的科学道理啊。如果它不是物质,但是能在人们的头脑中制造幻觉,那研究它就能带来脑神经科学的巨大进步。如果它不能制造幻觉,而是直接创造出真实的光线、让空气振动,那更了不起了,因为它打破了物质和能量守恒定律,研究它可以改写物理学,没准未来的清洁能源就靠它了,那是多么宝贵的科学资源啊。

总之,遇到这么一个幽灵,科学家脸上都乐开花了,感谢都来不及,怎么会害怕地跪拜它呢?

有些做自媒体的人喜欢一惊一乍，他们常散布一种耸人听闻的说法："这件事实在是太神奇了，连科学家都解释不了！"其实说这句话的人不了解科学家的思维方式，科学家还巴不得遇见解释不了的事呢！越神奇、越解释不了，科学继续发展的空间就越大。

这就是"因果关系"的力量。面对陌生的事物，抓住其中的"因果关系"，我们就可以发现这件事的本质。比如我们到了一个陌生的环境里，怎么生存下来呢？怎么适应环境呢？那我们可以想想，我们想要在这个新环境里得到什么。比如，我们希望得到奖励、得到表扬。那么我们可以悄悄观察一下，在这个新环境里，一个人被奖励、被表扬的原因是什么呢？或者我们想升职加薪，想提高学习成绩，那能升职加薪、成绩提高的原因是什么呢？我们像观察幽灵一样观察新环境里的因果关系，就能找到解决问题的办法。

⑱ 如何识破别人的空话?

如何识破别人的空话？

如果有人告诉你，他是能解决一切问题的大师，你会相信他吗？这次，我们来掌握一个识破空话的方法。

来玩一个游戏吧。假设爸爸妈妈花了很多钱，带你拜访一位教育"专家"，让专家来指导你的学习。这位专家的本事可大了，先看了看你写过的考卷、做过的习题，又问了你几个学习和生活上的问题，然后一拍胸脯：

"我明白你的问题出在哪儿了。你学习不好是因为你做题不认真。——你仔细想想，平时是不是有学习不认真的时候？有过吧？这就是你的问题！学习就像打仗，考场就如战场，不认真怎么行？你买一套我的学习资料，一万块，我教你怎么学习更认真。变认真了，学习成绩就提高了。"

仔细想想，这位专家说的也许有道理。你买了学习资料，回去学了一段时间,可是成绩并没有提高,怎么办呢?只好又一次拜访专家。但是这位专家因为业务太多,已经把接待过你的事儿给忘了。他又是看了看你写过的考卷、做过的习题,问了你几个学习和生活上的问题,然后一拍胸脯:

"我一眼就看出来你的学习问题出在哪儿了。你对待学习太认真,心事太重。心理压力这么大,怎么可能学好?你仔细想想,是不是因为学习紧张过?失眠过?这就是你的问题!学习又不是打仗,天天这么紧绷着怎么能学好啊!你买一套我的学习资料,一万块钱,我教你怎么放松。学会不紧张,成绩就提高了。"

如何识破别人的空话？

——这时候回过味儿了吧？这位所谓的"专家"只是个卖资料的骗子。上回说你的问题是学习不认真，这回又怪你学习太认真，简直就是信口开河、自相矛盾嘛。

现在的问题是：在第一次见面时，专家说你的问题是"学习不认真"。那时你能看出他是骗子吗？

有点儿难吧？因为从常识上说，学习确实应该认真。我们是人不是机器，没办法保证自己每时每刻都在集中精力学习，总会有松懈的时候。所以骗子专家说我们不认真，似乎挑不出毛病。那我们是不是就识别不出骗子的伎俩了呢？

这时我们需要请出一位叫"波普尔"的哲学家。他有个识别骗子的方法：如果一个主张**不能被证明是错的**，这个主张就是骗人的空话，即使有再多的证据证明它是对的也没有用。这个主张叫"证伪主义"，意思是，一个观点必须是"可证伪"的——必须允许别人能证明它是错的——这个观点才有价值。

比如，专家刚才说的话为什么是骗人的呢？为什么他说"你学习不好是因为你做题不认真"这句话是错的呢？因为任何人在学习时，不可能做到每一秒钟都绝对认真，总会有不认真的时候。专家让我们好好反思"自己有没有过不认真"，结论肯定是"有"，那么他说的这句话永远都是对的。按照波普尔的观点，这句话没有任何价值，是句空话。用同样的套路，专家可以随便说你的学习出了任何问题，他的观点都成立。

比如专家可以说，你学习不好是因为不够努力——仔细想想，你肯定有学习不够努力的时候嘛。谁没有松懈和放纵过自己呢？他说的的确没错。

专家还可以说出更离奇的理由，比如声称学习最重要的是"虔诚"：心诚则灵，学习不好是因为你不够虔诚。——仔细回想一下，你是不是潜意识里不喜欢学习？是不是对学习有过怀疑？只要使劲儿回想，肯定能找到"不虔诚"的蛛丝马迹。所以听起来也有道理。

甚至这套说辞不仅可以指导学习，还可以指导科学家建造宇宙飞船。这位专家可以跑到航天中心，叉着腰对科学家说："我看建造宇宙飞船没有什么难的，不过就是'认真'二字。宇宙飞船没造好，归根结底是你们不够认真！只要你们足够认真，足够用心，你们一定可以克服困难！"

你看这番话，谁能证明是错的呢？但是按照波普尔的观点，这番话正是因为不可证伪，所以它一点儿用都没有，全是空话。也正因为别人没法证明它是错的，所以特别容易唬人。如果这位专家的口才再好一点儿，用的辞藻再华丽一点儿，再引用几句权威的人说过的话，用一两个"认真可以克服困难"的真实故事"证明"一下，一般人很容易被唬住。

那么，怎么发现一个观点是不可证伪的呢？有一个典型的特征是，这些话里的一些关键概念的定义是模糊的。比如刚才专家说我们的问题是学习"不认真"，那到底什么才算是"认真"？因为他故意没有说清楚

如何识破别人的空话？

"认真"的标准，所以他的话是不可证伪的。

再比如，"付出总有回报"这句话也是不可证伪的。因为这句话没有定义"回报"这个概念，所以怎么说都不出错。就算有一个人付出了一大堆辛苦，最后什么都也没干成，我们也可以说他得到了一个教训，增长了经验，这也是一种回报呀。

还有一种不可证伪的特征是不精确定义时间。比如"只要我们坚持下去，一定可以获得胜利"，这句话没有说清楚到底要坚持到什么时候。

> 建造宇宙飞船没有什么难的，不过就是"认真"二字。

> 宇宙飞船没造好，归根结底是你们不够认真！

> 只要你们足够认真，足够用心，你们一定可以克服困难！

就算坚持了二十年还没有胜利，还可以说"只要再坚持坚持，胜利就在眼前"。所以古代算命的人常常说，某件事没发生是因为"时机未到"，等"时机到了"自然就会发生。那到底"时机"指的是什么时候呢？算命的人不会给出具体的期限。

还有很多不可证伪的空话，同时在关键词的定义上和时间上双重模糊。比如"是金子总是会发光的"这句话。首先没有定义"发光"，其次也没有时间限制，二十年后再发光也算数呀。再比如"有志者事竟成"，到底什么是"有志者"？这事情到底什么时候成？这还是在说空话。

总之，如果有一段话里用的词语特别空泛、意思特别含糊，好像内容很周全，什么都说到了，那就需要警惕，有可能这句话是不可证伪的。

不可证伪的话有两种可能，一种是毫无价值的空话，我们可以把它当成噪音屏蔽掉。另一种可能是，它想说的其实是字面之外的意思。比如"有志者事竟成"这句话，其实不是许诺我们一定会成功，而是给我们加把劲儿，让我们再坚持坚持。这句话要表达的不是生活中的客观规律，而是一种情绪。那我们就光记住情绪，别较真里面的意思。我们可以用这句话鼓励自己，但是心里也明白还没准儿"有志者事不成"呢，不成就不成呗，咱也不跟它钻牛角尖儿。

⑲ 赢得辩论的秘诀是什么？

赢得辩论的秘诀是什么?

哲学家最擅长辩论了。西方哲学就是从辩论中诞生的。最早的西方哲学家中,有不少人靠教别人如何辩论为生。中国哲学和辩论的关系也很紧密。中国哲学的第一个高峰发生在春秋战国时代,叫作"百家争鸣"。当时有很多哲学派别互相争论,很多了不起的思想都是在辩论中诞生的。可以说,有哲学家的地方就有辩论。

在哲学家眼中,"辩论"这件事有什么秘密呢?

如果辩论双方都遵守逻辑规则,辩论这件事其实不是很难。讲个最简单的辩论技巧,只要在辩论中抓住两个东西就可以了:辩论对手深信不疑的价值观,以及逻辑规则。

首先,我们找到辩论对手深信不疑的价值观。因为一个人的价值观很难被改变,所以我们不去挑战这个价值观,而是把这个价值观当作逻辑推理的起点,从这个价值观出发,利用逻辑推理出对我们有利的结论。

前面举过一个例子：放假了，爸爸妈妈安排我们每天都去补课。但是我们不愿意，应该怎么说服爸爸妈妈呢？

我们要先找到爸爸妈妈认同的一个价值观。爸爸妈妈让我们学习，是为了让我们成长，让我们变成一个更好的人。所以"想让我成为一个更好的人"就是爸爸妈妈的价值观。我们从这个观点出发，开始利用逻辑推理。

我们可以这么对爸爸妈妈说："你们是不是希望我成为一个坚强独立的人？"爸爸妈妈当然会说："是。"

赢得辩论的秘诀是什么？

我们再问："一个人坚强独立的性格是不是应该从小培养呢？"爸爸妈妈也会认同。

于是我们可以说："这个长假就是培养我独立自主的好机会。在我的整个童年里，长假是我唯一可以自由支配的长段时间。而且假期里学习压力没有那么大，就算我在假期里时间没有安排好，损失也不是很大。如果不利用这个机会锻炼我安排时间的能力，那么将来等我到了大学，突然没人监督了，那不是更危险吗？"爸爸妈妈一听，觉得好像挺有道理。

这就是我们在遵守逻辑的情况下，赢得辩论的方法。

但如果我是家长，我用一句话就可以堵住你的嘴。我叉起腰，居高临下地对你说："你那算是什么锻炼能力啊？你那么干就是胡闹！"

——是不是有点儿蒙？我们刚才说的一大堆道理好像都没有用了，怎么一句"胡闹"就给顶回去了呢？

这就涉及我们这次要讲的关键词——定义。

在日常生活里，一次理想的辩论是这样的：辩论的双方根据大家都认可的前提，用逻辑推理得出一些公认的结论，大家达成了新的共识。这个过程就好像大家一起跑步：我们从共同的地点出发，如果我们双方迈出的每一步都严格遵守逻辑规则，那么我们最后到达的终点位置应该是相同的。这个终点就是我们达成的新共识，于是我们的辩论结束了，我们没有分歧了。

但是这个理想状态很难达到。一种可能是我们在前进的时候，有一方不遵守逻辑规则，大家的步伐不一致了。还有一种可能是，我们一起出发的起点位置不一样。这个不一样的地方，就包括一些关键概念的"定义"。

比如我们争吵谁的生活方式更"好"，或者哪个人的做法更"正义"，很多时候的分歧点不是事实，而是大家对"好"和"正义"的定义不一样。所以无论怎么争论，最后还是说不到一块儿去。

为什么刚才我扮演的胡搅蛮缠的大人，说了一句"你这不是锻炼，你这是胡闹！"，你就哑口无言了呢？因为我在辩论中犯规了，临时改变了关键词的定义：重新定义了什么是"锻炼"。换句话说，在辩论到一半的时候，我突然宣布："我现在规定，'锻炼'这个词的定义是'服从我的安排'。除此之外的行为都叫'胡闹'！"这就好比大家赛跑到一半，我一看自己要落后了，赶紧说："暂停，都别跑了，我来宣布一下起点在哪儿。我刚才起跑的地方是真正的起点，你的起点不算数。"于是之前你跑得再远，论证再漂亮，也都没有用了。

这就是靠"胡搅蛮缠"赢得辩论的办法：抢先规定关键词的定义。因为一般人讨论问题，不会一上来先宣布关键词的定义。比如我们不会这么说："妈妈，我想跟您讨论一下安排假期时间的问题。在我讲具体的理由之前，首先我要定义一下什么叫'安排'，再定义一下什么叫'时间'，最后定义一下什么叫'对我好'。如果您认同这些定义，那我再继续往下说。"——这太怪了！我们在日常生活里不会这么说话。我们在平时的对话里会默认大家都知道各种常见词的定义。但其实在这些默认的定义里有很多模糊的空间。我们就可以利用这些空间抢先下定义。

比如还是讨论如何安排假期时间这件事。我们可以这么对爸爸妈妈说："我会利用假期安排好我的时间——你说，这不也是一种锻炼吗？"这句话看着好像是在辩论，其实是在偷偷下定义。它抢先定义了什么是"锻炼"。如果爸爸妈妈没意识到我们在下定义，接着往下聊，那我们就在辩论里取得了一个优势。

问题是，如果对方也发现了这个秘密呢？如果辩论双方都在争着下定义，那又该怎么办呢？

再举一个例子。有一天，我想多看一会儿动画片，于是就找爸爸妈妈商量。爸爸妈妈同意了，但是有一个条件，看动画片不能影响视力。爸爸妈妈说，如果我的眼睛疲劳了，就得关掉动画片休息。

双方同意后，我开始看动画片。结果刚看了一小会儿，爸爸妈妈就要把动画片关掉："关了关了，你眼睛都累了。"

我争辩说："没有啊，我没累，我刚看一小会儿！"

爸爸妈妈说："你看动画片的时候根本不知道累，一关了动画片就知道累了，赶紧关了！"

我没有办法，只好委屈巴巴地把动画片关掉了。我一看表，其实并但是，10分钟后……

> 关了关了，你眼睛都累了。

> 没有啊，我没累，我刚看一小会儿！

> 你看动画片的时候根本不知道累，一关了动画片就知道累了，赶紧关了！

没有多看多长时间，合着刚才跟爸爸妈妈商量了半天没什么用。问题出在哪呢？当然是定义的问题，爸爸妈妈抢先定义了什么叫"眼睛累"。

那么，我能不能也运用这个技巧，由我自己来定义什么叫"眼睛累"呢？其实我刚才已经争取过了：我说"我眼睛没累"，可是爸爸妈妈不听我的。那我还有没有机会继续争辩呢？我跑到网上搜索，找了半天，终于找到一篇眼科专家写的论文，证明我这么看动画片并不会导致眼睛疲劳。于是我兴冲冲地拿着这篇论文找到爸爸妈妈，让他们承认自

赢得辩论的秘诀是什么？

己的错误。

结果会怎么样呢？可能有的爸爸妈妈会觉得我无理取闹吧？

奇怪了，我们讨论的不是"定义"的问题吗？我更严谨地论证了这个词的定义，为什么还会被凶呢？

这就是我们在日常生活中常常忽视的地方：**对关键词下定义是一种权力**。或者说，地位高的人常常**通过对关键词下定义来行使自己的权力**。比如大人经常对我们说，做事要"有分寸"。可到底什么叫"有分寸"呢？大人其实是通过对"分寸"的定义来行使管理我们的权力，大人说我们有分寸就是有分寸，说我们没分寸就是没分寸。类似的，要求我们做事要"适度"，做人要"懂事"、要"争气"，做学生就得有"学生的样子"，这些都是利用模糊的词语行使权力。既然是行使权力，当然不容我们过度反驳。就像在"眼睛累"的场景里，假设我拒绝关掉动画片，一直在跟爸爸妈妈辩论什么叫"眼睛累"。最后爸爸妈妈会怎么办呢？只能说："我说你眼睛累了，就是累了，赶紧关！"——只能行使强权了。

这种权力不一定是坏的，有时是生活必需的。比如，我带着小妹妹在马路上走。路上的车开得飞快，好几辆车都在妹妹身边擦肩而过。我一看太危险了，一把将妹妹拽到路边。结果妹妹说："你为什么要拽我？"我说："你刚才离汽车太近了，太危险了。"妹妹说："不对，我刚才距离汽车不近。到底距离汽车多远才叫'近'呢？具体是几厘米？

你这个定义合理吗？有根据吗？就算你说的有根据，你又怎么知道我刚才跟汽车的距离到底是多远呢？咱们一会儿再到马路上量一下，我刚才有没有达到这个距离。"——显然，在这个危险的场景里，跟妹妹辩论"太近"的定义是荒诞的。这种时候，我们只能行使强权："我说危险就危险，一切以我的经验为准！"

再比如，上课的时候教室里吵吵闹闹很混乱。乱到一定程度，老师一拍桌子："你们班太不像话了！这个课没法上了！"那你说，老师是不是需要论证一下"课没法上了"的定义呢？几个人说话，多大分贝就算没法上呢？如果老师没法论证，是不是就不能行使权力呢？那这门课什么时候能上完呢？这里，定义的权力也是必需的。

这就是关于辩论的秘密：很多辩论其实讨论的不是事实、逻辑或者价值观，而是权力。有的辩论不是用来分辨对错，而是用来宣示权力。当我们意识到这一点后，就不用再争辩了。

最后，还有一种最需要警惕的定义：对我本人的定义。

比如老师有时会对你说："你是学生，你的任务就是学习。"这是老师对你下了个定义，老师下这个定义是为了实现教学目标。对于学习时间里的你，这个定义是有道理的，但是在其他时候就未必了。你在学习的时候是一个学生，应该好好学习，但这不意味着你一直都是学生，除了学生这个身份别的什么都不是了。

在未来，你还会遇到各种各样的定义：比如你是一个好孩子，你是

赢得辩论的秘诀是什么？

一个坏孩子；你是一个上进的孩子，你是一个不上进的孩子；你是一个人生赢家，你是一个一事无成的失败者。在这些定义里，有一些会给你安全感，有一些会束缚你，还有一些会伤害你。就像一个比你更强大的人，有时候会保护你，有时候会约束你，有时候会伤害你。我们很难反抗更强大的人，但至少可以反抗强加在我们身上的定义——当有人说我"是"什么的时候，我们只需要在心里小小声地说一句：

"我不是。"

⑳ 怎么快速学会魔法？

怎么快速学会魔法？

接下来的几篇，咱们来聊聊和学习有关的话题。我们来思考一个古怪的问题：如果要学习一个完全陌生的东西，比如学习魔法，应该从哪里下手呢？

假设有一天，有一只猫头鹰给你送来一封来自魔法学校的信，邀请你转学过去。从此以后，你就成了魔法学校的插班生，每天不再学习语文、数学、英语，而改成学习魔法。这件事虽然很好玩，但是你要面对一个巨大的困难：你是半路转学来的，之前从来没学过魔法。你过去学习的物理、化学等知识在魔法世界里都用不上了。很多魔法根本不符合科学和物理定律，背后的思维方式也不一样。那作为插班生的你怎么才能跟上魔法学校的功课呢？

不巧的是，你在魔法学校的第一节课还赶上了超难的内容。老师教了一个召唤魔法，施放起来特别复杂：既要念出咒语，还要挥动魔杖做一套动作，同时还要你集中注意力回忆生活里最快乐的一件事。

咒语和挥舞魔杖也就算了，只要勤加练习就能掌握。可是该怎么回忆最快乐的事呢？这个要求太模糊了。你的记忆中有很多快乐的事，可到底哪一件才是"最"快乐的呢？这谁说了算呢？还有，怎么定义"想"这个动作呢？光想起这件事的画面，没有具体的感受行不行？或者光想起整个事件中的一小段片段，其余的细节都没想起来，行不行？就算是同一段记忆，你每次回想的时候，具体的细节都会不太一样，到底怎么想才算数呢？

这节课里让你困惑的问题太多了。你想问问身边的同学，结果还被嘲笑了。他们管不懂魔法的人叫"麻瓜"，说你不要用"麻瓜"世界的思维去思考魔法，不要有那么多胡思乱想的问题。老师让回忆最美好的事情，那就去认真练习。只有勤奋和认真才能造就一个合格的魔法师。

怎么快速学会魔法？

——这些同学说得对吗？我们在现实世界的一切思维方式，都不能用到魔法世界里吗？不是的。在《如何用哲学打败一只幽灵》那篇里，我们用"因果关系"打败了不遵守科学规律的幽灵。同样，我们也可以使用"因果关系"来研究陌生的魔法知识。因为"因果关系"在魔法世界里同样有效——魔法世界里的人总要做出一些行动才能施放出魔法，这"做

呱

出行动"和"施放魔法"之间的关系，就是"因果关系"。

具体要怎么做呢？英国有位叫"培根"的哲学家，他认为我们可以通过做实验来发现事物之间的"因果关系"。我们可以把"因果关系"想象成是一个神秘的黑盒子，我们往里面放进去一些原料，过一会儿，它就会"嘭嘭嘭"吐出一些新东西。这些原料就是"原因"，吐出的新东西就是"结果"。然后，我们可以把塞进去的原料稍微改变一点，去掉一些东西，或者加点新的东西，看看会产出什么新的结果。通过不断地尝试，我们就能发现其中的规律。

怎么快速学会魔法？

比如你刚才苦恼怎么才能顺利施放出召唤魔法，困惑的地方都集中在导致施法成功的"原因"上。那么你可以把所有困惑的地方都列出来，写成一个表：比如回忆只有画面，还是必须回忆出当时的感受？这是一组困惑；只需要回忆出一个片段，还是必须回忆整个事件？这又是一组困惑，等等。你把所有可能影响施法的因素全都列出来，把这些因素排列组合，会得到很多种可能。再按照每一种可能挨个去试验，把试验的结果写出来，最后一统计，就可以知道哪些动作是影响施法的关键因素，哪些动作不是。于是，这个魔法里的"因果关系"就被你搞清楚了，你可以得到更精确的施法步骤，把施法的成功率提升到最高。那些魔法学校的同学呢？他们可能只是一遍又一遍地去试，去找感觉，那他们进步的速度可能还没有你快。

而且趁这些同学还在一遍遍练习的时候，你还可以进一步改进技术。在成功释放魔法的前提下，你还可以继续改变试验的条件，继续研究。比如，老师说施法动作要用魔杖画一个圈，那你就试试，画半圈行不行，画一圈半行不行，画一个三角形行不行，画一个正方形行不行；不把魔杖放在胸前，把魔杖放在背后行不行；不用手握着魔杖，用两个手指头捏着魔杖行不行，脱了鞋用脚趾抓着魔杖行不行。也许你最后发现某个动作的施法效果比老师演示的更好，你就改进了这个魔法，掌握了比老师更高级的技术。也有可能所有的动作施法效果都一样，画三角形和画正方形一样有效，那也可以得出结论：原来不一定要画圈，只要画一个闭合曲线就行，这样你对这个魔法的认识就比老师更多了。

这就是"因果关系"的力量，它可以让我们最有效率地和这个世界互动。

如果人们看不清事件背后的因果关系，世界对他们来说就是混沌的。那人类就会用其他的解释代替因果关系。比如刚才那些魔法学校的学生，他们有的人只会按照老师模模糊糊的描述，一遍遍尝试。等他好不容易成功一次，他会特别兴奋，觉得这次施法的手感、心理状态之类的"感觉"和之前的有一点不一样。于是他努力回忆刚才的感觉，一遍一遍重复这些感觉，时间长了，他成功的概率越来越高。最后他终于找到了最完美的"手感"，每一次施法都能成功。他非常高兴，认为施法的关键是经验、是感觉、是悟性。一个人对魔法的"悟性"提高了，就能成为更高级的魔法师。

这样的总结并非没有道理，这位同学也确实因为反复寻找"感觉"提高了施法的成功率。但是他进步的速度就比研究"因果关系"的你慢多了。而且你通过研究"因果关系"，还可以在不同魔法中找到共同点，最终总结出更普遍的规律——这就是科学的研究思路，物理学家不光能发现小球、小车运动的规律，还能因此总结出所有物体运动的规律。而追求"找感觉"的人只能在不同的法术中总结出更神秘的"体悟"，把魔法原理变成一种神秘的东西。

看不清因果关系的人还可能把一件事的成败总结成"运气"。所以古人更愿意求神拜佛、占卜改命，去改变自己的"运气"。现代人之所以比古代人更强大，是因为现代人通过研究"因果关系"，把"运气"变成可以控制的规律，人类对世界的掌控能力因此变得更强了。所以美国哲学家爱默生才说："只有弱者才相信运气，强者只关心因果。"因果关系就是我们改造世界的力量源泉。

怎么才能提高学习成绩呢？到底是多做习题，还是上个补习班呢？我们要不要先学好教育学的理论，然后靠理论分析出学习方法呢？不用，最简单的办法是我们自己试验。我们挨个改变会影响学习成绩的原因，观察结果有什么变化。比如，这一个月提高做题的数量，看看成绩提高了多少。下一个月不增加做题量，而是多花时间复习错题和难题，看看有没有效。经过不断地试验，就能知道最合适的学习方法了。

㉑ 遇到复杂的问题要怎么解决?

遇到复杂的问题要怎么解决？

笼统地说，学习好的同学可以分成两种。一种是勤奋型的，没日没夜地天天写天天背；还有一种是聪明型的，不怎么刷题，但是难题拿来就会。关于勤奋的话题我们放到下一篇再讲，至少这事看上去不是很难，能吃苦就行嘛。但是人怎么能变"聪明"呢？怎么能像聪明的同学那样，遇到难题一下就解答出来？

哲学家们有两种不同的观点。一种观点的代表是中国古代的哲学家，比如老子和庄子。他们认为，思考问题的关键不是研究文字，而是去体会文字背后的意思。

中国哲学有个比喻。一天晚上，一个小孩问老人："什么是月亮？"老人用手指了指天上的月亮："那个就是月亮。"结果小孩看着老人的手指说："原来手指就是月亮啊。"在这个比喻里，老人的手指好比是书里的文字，月亮好比是书里想表达的道理。小朋友闹了个笑话，错把指向月亮的手指当成了真正的月亮，就像有的人错把文字当成了真正的道理。

这个故事听着可笑，但是现实中很多人都犯过类似的错误。比如有些同学学习非常勤奋，记了大量的笔记。老师考他一段书上的内容，他可以一字不差地背下来，但是要他解释一个问题，他就解释不了了，做题就更不行了。这就是错把书上的文字本身当成了真理，光背诵文字本身，没有理解文字背后的意思。

所以中国古代的哲学家认为我们要认真读书，但是不要拘泥于书上的文字，不要抠字眼。要去体会文字背后的意思。比如老人指向月亮的那根手指，我们不要去关注手指上有多少皱纹、指纹是什么样子的，我们最好把整只手都忘了。正如诗歌的美并非文字本身，而是文字背后的意象；音乐的美也不是写在纸上的乐符，而是我们听到乐曲时心中的感受。

但是，光体会文字背后的意思还不够，更关键的是能在实践中应用。中国哲学家喜欢说"知行合一"，认为学习知识和实践是同一回事：一门知识光知道但是做不到，就等于不知道；如果这件事我做到了，在做到的同时我也就知道了。例如我们在课堂上把定理背得很熟，但是到练习题环节就做不出来了，这在中国古代的哲学家看来，就是"不知道"。因为我们不会用这个定理，不知道它的真正含义是什么，我们背诵的文字只是虚假的空壳子。反过来，我们上课学习了一个定理后，如

遇到复杂的问题要怎么解决？

果觉得自己还没理解，怎么办呢？我们去做题。如果相关的练习题做出来了，那么在做出来的一瞬间，我们也就"知道"了，就是通过实践知道了这个定理真正的含义。

在实践这件事上，中国哲学的思维方式好像是习武者，学习的目标是能打败敌人。习武时，老师当然要用语言传授很多的知识，甚至还可以发一本用文字写成的《武林秘笈》。但是习武的关键还是自己练习实践，在搏击中一下下努力挥拳，把对方击倒。对于搏击这件事，亲自练习要远比老师的口诀更重要。甚至如果习武者的悟性特别强，他没有把

老师讲的话听全，但是能在搏击场上一拳把老师打倒，那这个人就是更厉害的武者。

总之，中国哲学的学习方式，有点像"艺术家"和"武术家"的结合体，重视理解文字背后的意思、重视实践。

西方哲学家就不太一样了。西方哲学家也认为真正的知识在文字之外，也重视实践，但是很多人同样重视文字本身。因为语言是思想的载体，如果我们说出来的语言不精确，那思想怎么能精确呢？所以很多西方哲学家主张，我们说出来的话，定义一定要精确，文字一定要严谨，论证过程一定要符合逻辑。这也是现代学术语言的规范。就像我们课本上的每一句话、每一个词都是经过反复推敲的。尤其是"定义"和"定理"部分，措辞非常严谨，哪怕是超级能抬杠的人都很难发现漏洞。打个比方，西方哲学家在学习的时候有点像辩论选手，特别喜欢和别人较真，人和事都恨不得辩论一番。

我们在学习中也有两种可以扮演的角色：中国哲学的"艺术家／武术家"和西方哲学的"辩论选手"。我们不妨交替扮演他们。

在理解知识的时候，我们要扮演的是"艺术家"和"武术家"，去理解文字背后的意思，以及去实践。扮演"艺术家"时，有一个小技巧是"打比方"：用我们生活中容易见到、摸到的东西代替抽象的概念。比如"电"这个东西是看不见、摸不着的，所以我们叫它"电流"，用看得见的水流来比喻电流。我们说"电压"有大有小，就好像水压有大

遇到复杂的问题要怎么解决？

有小一样；我们说"电阻"，就好像水的流动遇到了阻力一样。这样一个抽象的概念就活生生地出现在我们的脑海里了。

我们还要扮演"武术家"去实践知识。学生时代的实践就是做题，所有知识点只有在解答题目时被我们用起来，这个知识点才能变成我们自己的。所以课本每次讲完一个新知识，后面总会跟着例题和习题。学习理科时，大部分时间都用来做题，而不是背诵；学习英语最好的方法是阅读英文书籍、看英文电影，或者和英美国家的人直接对话；如果我们学的是课本外的知识，也可以主动给自己找一个要解决的难题，边做

边学。比如，我们要学习钟表的原理，那就不妨找来一个坏掉的钟表，一边修理一边学。

除了要扮演"艺术家／武术家"，有时我们也要把自己变成逻辑严谨的"辩论选手"。什么时候需要逻辑呢？在需要证明我们自己是正确的时候。比如我们跟别人讲道理，想要说服别人。学术著作、课本同样也强调逻辑，这是因为书本要向它的读者证明它是对的。我们自己思考的时候需要逻辑，因为我们要说服自己，要向自己证明我们是对的。我们通过逻辑思考得出一个自认为正确的结论，就是要告诉自己：我思考到这一步了，到目前为止我都是对的，以后我就从这里继续思考，之前思考过的内容就不用再想了。

打个比方，思考问题就好像是玩电子游戏，中国哲学家的那种不拘泥于文字、用内心去体会的思考方式，就好像在游戏里战斗打怪物。战斗的结果是未知的，可能赢也可能输。逻辑思考就好像在游戏里保存游戏进度。保存了进度，之前我们得到的所有成绩才能被固定下来，以后的思考就有了新的起点。

做"辩论选手"也有技巧。我们可以把我们需要解决的问题以及我们目前思考的过程和结论讲给另一个人听。因为这个人对我们思考的问题一无所知，所以我们在向他描述问题的时候，会使尽浑身解数把这件事讲清楚。在这个过程里，我们的思维高度集中，快速地整理自己的思路，把原本乱糟糟的想法变得非常有条理。如果我们没有表达清楚，

遇到复杂的问题要怎么解决？

对面那个人会质疑、会露出困惑的表情，逼着我们立刻完善自己的想法。描述完问题，我们可能自己就把问题想清楚了，都不需要对方开口回答，问题就解决了。所以老师才会说，给同学讲题也是特别好的学习方式。

如果我们是一个人思考，身边没有人可以说话，那我们也可以把思考的过程写在本上，写给未来的自己看。考虑到未来的自己可能已经忘了这道题的内容，所以要写得尽可能详细，把事说清楚。这篇文字其实就是我们的思考笔记。

如果不想写字也没有关系，我们可以想象眼前有一个人，把自己的想法讲给这个人听，效果和对真人讲是差不多的。不过这个"讲"不能只在心里想象，一定要用自己的嘴巴讲出来，嘴里一定要发出声音，一个字一个字地说清楚。只有这样我们才能逼自己梳理清楚想法。其实我自己写作的时候就经常这么做。每当写不出来的时候，我就会在心里想象自己在真诚地对着某一个读者讲话。在讲话的过程里，我飞速地思考、措辞，很快就知道接下来该怎么写了。同样，你写不出来作文时，也可以试试这个方法。文章的本质是和读者说话，我们每个人都会说话，既然有能力把话说清楚，就一定能把文章写出来。

㉒ 怎么治疗拖延症？

懒惰队 VS 理性队

懒惰小人儿

怎么治疗拖延症？

好学生可以分成两种，勤奋型和聪明型。我们已经讨论了如何用哲学的方法变"聪明"，这次来聊聊怎么能变得更勤奋。

我是个爱偷懒的人，无论是学习还是工作，我的注意力一般只能维持十几分钟，之后就开始犯懒走神。我还有严重的拖延症，上学时，假期作业总是要等到快开学才突击写完。那时的我听了好多"头悬梁、锥刺股"的励志小故事，觉得懒惰是因为自己意志不够坚定。因此我特别自责，也为自己的意志薄弱感到愧疚。

等我长大以后，这些问题终于解决了——我并不是变勤快了，而是原谅了自己的懒惰。因为我发现身边大多数人都跟我一样喜欢犯懒、爱拖延。我意识到：原来犯懒是人类本能里的一部分。我们可以挺起胸膛"自豪"地说：我是懒，但是这股本能来自原始时代，是我的老祖宗为了节约能量练出来的——只要眼前没有危机也没有诱惑，那我们能躺着就不站着。就是靠着这股犯懒的本能，我们的老祖宗才能在极度缺少食物的时代活下来。这一点儿也不丢人。

当然，懒惰和拖延症给我们自己带来了很多麻烦，还是得想办法对付它。因为懒惰的冲动和人类的本能有关，所以要解决它不能光靠坚定的意志，而是要改变自己的生理状态。比如适当锻炼、保证规律作息和充足的睡眠。在一觉醒来精神最好的时候，人最不容易犯懒。就好像我们的心中有一个控制自己的"理性小人儿"，当我们休息充分时，"理性小人儿"的状态就好，他就可以把那个总吵着要休息的"懒惰小人儿"一拳头打趴下。所以身体状态好的时候，我们更容易打败拖延症。如果辛苦了一天，到了晚上身心俱疲，我们大多会被"懒惰小人儿"击败，只想着玩点不耗精力的娱乐项目，把时间混过去。

"懒惰小人儿"还有个习惯是只顾眼前，不想未来。所以我们可以把要做的工作分解成若干个非常微小的步骤，最好每个步骤只需要一个简单的动作就能完成。我们每次只要求自己去完成眼前这一个小动作。只要步骤分解得足够小，动作足够容易，我们就能驱使自己打败拖延症，把事情一步一步做下去。

好比我要手写一篇 800 字的作文，一想到要写这么多字，就迟迟不愿意开始。那我们先想想，要写完一篇作文，第一个最小的动作是什么？得先有一张稿纸吧？那我们先命令自己拿出一张稿纸，放在写字台上，把笔也准备好，这个容易做到吧？这时我们就先做这个动作，别的

怎么治疗拖延症?

不要想。

准备好稿纸,下一个最小动作是什么?要开始构思了。问题是构思太难了,没有灵感啊。没关系,嫌难就再细分动作。在构思之前,至少要先知道作文的要求吧?于是我们的下一个动作就是让自己一字一句地阅读作文要求。这个也不难做到。

读完要求后,我们应该构思、列出大纲了。这还是太难了。没关系,我们把这个目标再变简单一点,先让自己做一道填空题。我们先回答:我打算写一篇关于____的作文。这个问题不难回答吧?我们可以想象在和最好的朋友闲聊:"哎,这篇作文你打算写个关于什么的事啊?没事儿,咱就随便聊聊。"在随便聊天的状态下,总能说出一个词吧?于是,我们又完成了一步。

等我们回答出"这是一篇关于什么的作文"后,我们再把这句话扩充一下,变成三句话:这是什么时候发生的事呢?这件事的关键情节是什么呢?这件事的结局是什么呢?等我们回答出这三句话后,再

进一步细化，逐渐就能把大纲写出来了。

总之，我们要把拖着不想做的事情尽量分解，直到分解成稍微动一下就能完成的程度，自己哄自己："干一下呗，就稍微干那么一下，又不难。"一点一点哄着自己把事情做完。这种感觉，有一点儿像我们拿食物逗弄小动物，一点点地把它吸引过来。其实就相当于我们头脑中的"理性小人儿"把任务拆解到最容易的程度，然后像逗小动物一样把"懒惰小人儿"吸引得动起来。我自己的体验是，这种"一次做一小步"的过程可以让大脑"预热"，做了几步之后，我的注意力逐渐集中，之后就不需要拆解任务，可以专心工作了。

但是，如果这招不灵怎么办？如果"懒惰小人儿"识破了"理性小

怎么治疗拖延症？

人儿"的诡计，说："你不就是想骗我写完整篇作文吗？这事太难，我就是不干！"那怎么办呢？

这时，我们要叫哲学家过来帮忙了。

哲学家都喜欢刨根问底。他们在开始学习前先要追问一个问题："学习有什么意义？人类为什么要学习？"

不就是写个作文吗？这事还需要解释吗？有必要搞得这么费劲吗？

有。哲学家们的问题其实关系到一件非常重要的事：我们人类做任何事情，都需要先找到一个"意义"。说白了，就是要给做这件事找一个理由，告诉自己，这件事是值得的。

举个例子。我们平时为什么要写作业呢？最直接的理由可能是"怕挨老师说"，要是老师第二天不检查作业，我们也许就不写了。那么想象一下，假设老师现在给我们留了一份作业，让我们在操场上挖一个洞；第二天，老师留的作业是把这个洞填上；第三天，再重新挖一个洞；第四天，再把这个洞填上……周而复始一个月、两个月、一年、两年……总有一天我们会崩溃吧？可能过不了几个月，我们就会觉得灰心丧气，提不起劲，甚至宁愿被老师说都不愿意继续做这个作业。为什么呢？正是因为我们觉得这件事没有"意义"。反之，如果老师告诉我们，挖坑是为了磨炼我们的心智、锻炼我们的身体，是为我们将来迎接人生挑战打下坚实的基础。我们一铲一铲挖出的不是土，是未来几十年将会遇到的艰难和险阻；我们填的也不是坑，填埋的是那个不敢面对困难的自己。老师这么一说，感觉是不是就好多了？好像也有点动力继续干下去了。这就是因为我们给自己找到了做这件事的"意义"。

"意义"是我们驱动自己的根本动力。我们为什么愿意逼自己学习？那是因为我们从小就通过大人的教育相信了学习的意义，相信学习能够改变我们的命运。从庸俗的角度说，我们学习是为了自己能考上好

怎么治疗拖延症？

的大学，找到好的工作，让社会承认我们，过上更自由的生活。从高级的角度说，我们是为了成为更好的人，让世界因为我们的存在变得更好一点。因为我们相信这些意义，所以哪怕我们实际上被拖延症打败了，瘫在沙发里，但心里还是知道这样做是不对的。

找到一件事的"意义"，坚信这个"意义"，就可以从根本上治疗拖延症了。

但是这里有个问题：所有能够真正驱动我们的意义，都距离我们非常遥远。什么时候能真正感受到我们在改变世界？什么时候能感觉到自己成了更好的人？哪怕是"考上好大学""找到好工作"这些比较现实的目标，也需要好多年才能实现。正因为这些意义距离我们太遥远，所以它们在对抗拖延症的时候才会失去作用——我们承认现在写作业和将来考上好大学之间有因果关系，但是中间还有那么久的时间，我们还有那么多的机会可以提高学习成绩，干吗要急于眼前这一刻呢？于是我们继续舒适地瘫在沙发里，心中略有不安，但是这个不安其实也没多大。

有些哲学家提醒我们，如果我们换一个视角看待这个世界，其实意义就在眼前。

背后的思路是这样的：我们要觉得一件事对我们有意义，前提条件之一是我们必须觉得自己有"自由意志"，我们得自愿地去做这件事才行。那么，人在什么时候才有自由意志呢？不在遥远的未来，只能在此时此刻。也就是说，我们只能控制自己眼前这一瞬间的思想和动作，只能改变眼前这一瞬间的事实,只有这一瞬间我们才是自由的。用古罗马哲学家奥勒留的话说,一个人无论拥有多么长久的生命,他真正拥有的只是眼前的生活。在这种哲学观看来,我们可以规划未来,但是我们并没有拥有未来。我们真正能掌握的只是此时此刻,拥有的是自己即将做出的下一个动作的意义。

比如我打开了作文纸,即将想出一句话写在作文纸上,那写出这一句话有什么意义?不要说"为了考上好大学""为了成为更好的自己"这类遥远的东西。就说写下这一行字和没写下这一行字之间,我发生了什么有意义的变化吗?是有的。如果这行字是我认真思考后写上的,那这个过程就锻炼了我的写作能力,写完这行字的我,写作能力比之前更强了一点点。我写下的这句话虽然未必会用在最终的作文里,但是我这篇作文的思路因此变得更清楚了一点儿,我在这个世界上创作的内容比之前也更丰富了一点儿。这就是我写这行字和不写的区别,这就是我写下眼前这行字的意义。

我们容易犯拖延症的一个原因,是把即将完成的任务看成一个整体,这个整体没有全部完成,这件事似乎就没有意义。我们一想到

怎么治疗拖延症?

整体的任务这么难,就迟迟不愿意开始。比如老师要求写800字的作文,我们一般会觉得只有把这篇作文全部写完,这件事才有意义——意义是"写完作业了,不会被老师批评"。只要这篇作文有一点点没有完成,这件事就没有意义。于是我们就知难而退了。但如果我们把一篇作文拆解成一百个小任务,单独完成每一个小任务都可以让我们变得更好一点,都是有意义的,那我们就有动力一步步完成,哪怕是做到一半放弃了,前面的辛苦也没有浪费。

再比如锻炼身体。当我们立志锻炼身体时,常常给自己设定一些艰巨的任务。比如"每天都要跑步,坚持一个月,我才能得到什么好处"。这样一来,如果中间偷懒歇了几天没有跑,我们就会觉得功亏一篑,心态彻底崩掉,干脆放弃不练了。

我们可以换一种方法。同样给自己规划遥远的目标,但是为自己此刻即将做出的每一个动作赋予意义:我们在跑道上迈出的每一步都是有意义的,每一步都消耗了热量、锻炼了肌肉,每一步都会让我们的身体变得比刚才更健康一点儿。我们每迈出一步,就立刻得到了这一步的好处。我们的任务就是命令自己迈出下一步,再得到下一步的好处。我们关注的不是能不能跑完全程,关注的是下一秒能不能让自己再多得到一点儿好处。如果我们已经偷懒了,锻炼计划半途而废,那也不会影响我们接下来迈出这一步的意义。不管之前干了什么,在下一秒里,再迈一步,再看一行书,再写一个字,这些都是有意义的。

23

在很多人面前丢脸了，该怎么办？

在很多人面前丢脸了，该怎么办？

我们这次来说一个有点儿不开心的话题——丢脸。

丢脸的感觉糟透了！尤其是在熟人面前丢脸，脸上就好像火在烧，整个脑袋都是蒙蒙的。之后还会为此别扭很多年，每次想起来都恨不得穿越时光回到当时那一刻，把丢脸的片段从宇宙中抹去。这一次，我们就来对付这个讨人厌的感觉——在很多人面前丢脸怎么办？

在回答这个问题前，我们先思考一下，为什么丢脸时会感觉很糟糕？

这次我们会穿越到原始时代，任务很简单，就是想办法活下去。

一眨眼，我们已经变成了原始人，在原始部落里生活。这个部落也不大，只有几十个人。

生活在这个时代，最大的困难是找东西吃。这个时代的人类还不会耕种，就靠打猎、摘果子生存，但吃的永远都不够，部落的伙伴们经常会挨饿。

这个时代人类还没有文明，不会说话，不会思考。那你说，什么性格的人最有可能活下来？答案是贪吃的人。在食物稀缺的原始时代，谁能抢先把食物塞到嘴里，谁活下去的可能性就最大。只要发现吃的，全部落的人都一窝蜂冲上去抢。强壮的把弱小的推到一边，把好吃的先吃了，弱小的只能吃剩下的。好在咱们在部落里算是身体强壮的，平时能抢在前面吃到好吃的，暂时还饿不死。

一天，有人发现了一小把果子。大家饿了好几天，可算有吃的啦。部落的成员们一拥而上，我们也一样，冲着果子直奔而去。可就在这时候，我们突然被一个身强体壮的家伙狠狠地推了一把，"咕咚"一下坐到地上了——这是谁这么手欠！咱们抬头一看，是部落里的一个伙伴，正冲着我们龇牙咧嘴，意思是"你一边儿待着去，这堆好吃的是我的"。

这不是要造反嘛！我们气坏了，从地上爬起来，要挥拳头揍他。刚举起拳头，我们突然发现，这个家伙的胳膊怎么这么粗壮，个头这么高大。这下咱们有点儿心虚了，有可能打不过他呀。就在这时，气氛有点儿不对劲儿了。我们向四周一看，发现整个部落里的人都在注视着我们。这个场景意味着什么，作为原始人的我们是不知道的，但是我们身体里的基因"知道"。基因发现有这么多人注视着自己，知道这个时候绝对不能示弱。如果我们被眼前的对手打败了，那么部落里的所有人都知道我们是弱者，以后再找到食物，每个人都会把我们推到后面，那样

在很多人面前丢脸了，该怎么办？

我们活下去的可能性就大大减小了。——不行！我们一定得打赢！

于是基因开始自动分泌一些激素，去控制我们的身体。比如，基因会让我们的呼吸变得急促、心跳加快、血压上升，让我们感觉脑袋上的血管一跳一跳的——这些都是为了在短时间里增加血液的供氧量，提供给肌肉。这样我们才更有力量，更有可能打赢对手。咱们还会感到一种愤怒的情绪，俗话说"上头"了，想要打倒眼前这个家伙。在这种情绪下，我们控制不住自己，龇着牙冲上去，想要把他推倒。

结果就在这个时候，我们的脚被绊了一下，"哎哟！"摔了个大马趴。随即，我们听到周围人的嘲笑声。作为一个原始人，我们还不明白这是什么意思。但是基因明白了：完了！这是当众出丑了！我们在部落伙伴面前出丑，也就意味着部落里所有的人都认为我们是一个笨蛋、弱者。我们在部落里再也抢不到好吃的。只要食物短缺一点，第一个死的就是我们！

所以这个时候，基因会给我们带来一种特别痛苦的感觉。我们的血压变高了，导致头部充满了血液，脸上火烧火燎。这感觉太难受了，让我们有了想逃跑的冲动。这种感觉就类似"想找个地缝钻下去"。

以后在很长一段时间里，我们都会冷不丁地回想起这个被嘲笑的场景，所有的画面都历历在目，心里特别难受，既别扭又羞愧，还是"想找个地缝钻下去"。为什么会这样呢？这是基因在告诉我们："你已经狠狠地丢过人了，你在部落里已经颜面扫地了！你绝对不能忘了这件事，一定得尽早找个机会赢回来，否则你在别人心里一直是个弱者。你的食物会越来越少，再这样下去会活不下去的！"基因"认为"，我们必须赶紧行动起来，想办法在同伴面前证明自己还是很强大。我们只有重新赢得周围人的赞赏，这些痛苦的记忆才不会继续骚扰我们。

以上这个故事，就是我们身体里的基因对于"丢脸"这件事的反应。进化心理学认为，我们今天的很多特殊的心理现象都和基因有关。我们虽然生活在现代社会，但是身体里的基因还停留在原始时代，基因还是按照部落时代的规则控制着我们。比如，基因并不知道今天世界上有这么多人，房屋有这么密集，还以为我们生活在只有几十个人的部落里。如果我们被几十个人一起注视，基因会判定这几十个人一定都是我们部落里的伙伴，并且在我们的身上一定发生了大事，才值得这么多人一起注视。所以当我们发现被很多人注视，就会感到超级紧张。如果我们坐在教室后排，老师在课上叫我们的名字，前面的同学齐刷刷地回头看我们，那一瞬间就会很紧张。再比如我们在很多人面前演讲或者表演节目。一上台，看到下面一堆人不说话地盯着我们，就会立刻心跳

在很多人面前丢脸了，该怎么办？

加快、呼吸急促、血压升高、大脑嗡嗡地一片混乱。我们认为这时候紧张是在耽误事，可是基因还以为它是在帮忙呢。基因以为我们正在被全部落关注，准备要和别人打架，所以就提高了心跳的速度和血压，让我们能好好地打一架——结果导致我们一紧张，在台上忘词了。

"丢脸"这件事也是一样，也是基因在帮倒忙。在今天，丢一次脸其实不会给我们带来多少实质性的伤害。就算丢了脸，我们也不会因此吃不上饭。这是一个信息大爆炸的时代，我们每天要跟好多人聊天，还要上很长时间的网，还要看动画片、看书、听故事，天天处在排山倒海的信息中。在这种情况下，别人丢过脸这种小事我们根本不会留意。不信你现在就可以回想一下身边人丢脸的例子，估计你得使劲想，才能记起一两件。就算再看到那个丢过脸的朋友，你也不会觉得他因此就矮了你一头。因为你觉得这件事根本不重要，不值得占用宝贵的记忆。

这就是你丢脸后，别人对你的看法。

如果你丢了脸，但身边没有人再提起这件事，那它就可以被放到脑后，因为它对你没有造成实质影响。如果你总是耿耿于怀，这其实是基因的假警报。既然基因用

假警报骗你，那你也不妨骗骗它。下次，如果你突然回想起某件丢脸的事，特别痛苦，不妨赶紧做一件刺激的事转移注意力。比如看动画片——远古的基因可不知道还有动画片这种新鲜的东西。听到各种刺激的声音、看到各种画面，基因立刻就紧张起来了，还以为身边发生了什么特别重要的事，必须优先处理。你欺骗基因转移注意力，痛苦的感觉也就过去了。

你还可以利用假象主动操纵基因。比如上台演讲的时候，如果你的近视度数比较高，可以把眼镜摘了。这样眼前一片模糊，看不到有一群人在盯着

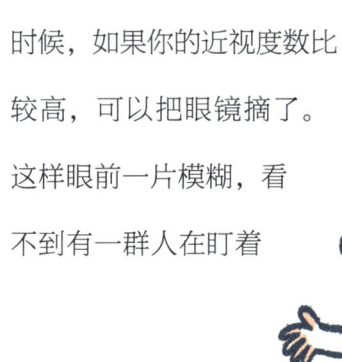

在很多人面前丢脸了，该怎么办？

你，紧张感就小多了。如果有人嘲笑你、伤害你，那该怎么办呢？不妨试试德国哲学家叔本华的建议，把被嘲笑的场景想象成是舞台上的一场喜剧。那些嘲笑你的人都是这场戏里的丑角，大家不过是在一起演一出戏。你甚至可以把自己想象成动作电影中的主角，乔装打扮，身负秘密使命。一个优雅的英雄需要回应日常生活里的小挑衅吗？不，他还有更重要的使命要完成呢。

对于这个爱面子的基因，你还有一个优势：原始人没有办法选择自己部落的同伴，但是你可以。缺乏自信的时候，你不妨多关注那些喜欢你的人。比如你在上台演讲时，可以找几个对你特别友善的观众，演讲时轮流盯着他们的眼睛讲。在观众看来，你好像在很自信地环视，但是对于你来说，只是在和两三个喜欢你的人面对面交谈。这样感觉就好多了。

同样的道理，你也应该多多收集别人的赞美。哪怕有些赞美不是真心的，因为基因喜欢呀。如果实在找不到别人的赞美，自己赞美自己也行，只要厚着脸皮把夸奖自己的话大声喊出来，也能骗过基因。

——嗯，我这篇文章写得真棒！

㉔ 怎么改变过去?

怎么改变过去？

虽然我们能用上一章的方法暂时骗过基因，但是丢脸的记忆还是会一遍遍从心底泛起，刺痛我们。尤其是那些让我们超级后悔的事——比如当众出糗，比如在关键场合说错一句话——这些记忆就像钉子一样扎进我们心里，一想起来就懊恼万分。真希望这些事从未发生，可是时光不能倒流，过去无法改变，那还有什么办法呢？

其实在某些哲学家看来，我们有办法改变过去。当然，这里说的"改变"，不是改变过去已经发生的事实，而是改变我们对这件事实的解释。也许有人会疑惑：事实没变化，光改变解释有什么用呢？那些哲学家的回答是：一件事的解释其实比事实本身更重要。

想象一下，假设有两个好朋友一起去游乐场玩。他俩形影不离，玩的是一样的项目，所有的经历都一模一样。但是这两个人的性格不一样，于是在游玩结束后，他们对这场游玩的描述也不一样。

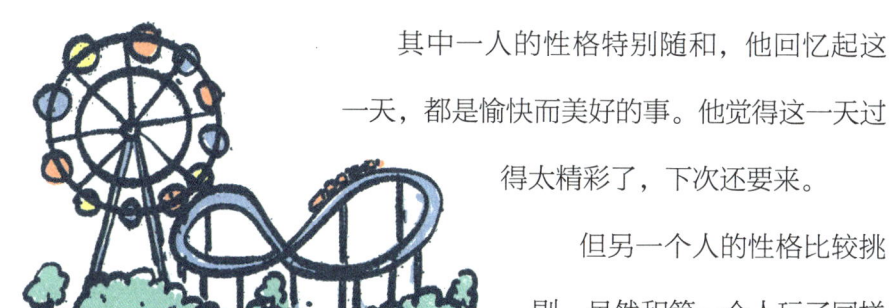

其中一人的性格特别随和，他回忆起这一天，都是愉快而美好的事。他觉得这一天过得太精彩了，下次还要来。

但另一个人的性格比较挑剔。虽然和第一个人玩了同样的项目，但是他回忆里的重点都是那些让他不满意的事：他嫌游乐设施排队的时间太长，嫌这一天走得太累，音乐吵、食物贵……他觉得这一天过得太糟糕了，下次再也不来了。

——你看，这两个人的经历明明一模一样，但是他们对这段经历的描述却完全不一样，对这一天的印象不一样，导致之后的选择也不一样。

那是什么决定了我们对一件事的印象呢？有两个因素。一个因素是过去发生的事实。比如去游乐场这个事实谁也改变不了。如果今天游乐场临时关门了，那大家都会感到失望。所以事实很重要，确实决定了我们的印象。

怎么改变过去？

第二个因素就是对这个事实的解释。解释也同样重要，就像刚才那个例子里，两个朋友的经历一模一样，但事后对这件事的解释不一样，他们对这件事的记忆也就不一样：一个觉得是美好的一天，一个觉得是糟糕的一天；一个下次还想来，一个再也不来了。

所以很多时候，我们对一件事的解释和事实本身一样重要。甚至在有些哲学家看来，解释更重要。比如哲学家尼采就认为，这个世界上不存在绝对客观的真理。到底什么是真理，取决于我们观察世界的视角。

比如我们都知道四大名著之一的《红楼梦》。那到底什么才是《红楼梦》呢？可能有人认为，《红楼梦》就是曹雪芹写下的那一堆字。但是在尼采看来，单纯一堆字符是没有意义的。我们心中的《红楼梦》并不是一堆字符，而是一个故事，一群活生生的人物，一些情绪，甚至是一种模模糊糊的感觉。在尼采看来，真正的《红楼梦》就是我们每个人印象中的《红楼梦》，这些印象比那些字符更重要、更真实。

如果我们相信这一点，我们相信解释可能比事实更重要，那么我们只要改变对一件事的解释，就可以改变这件事对我们的影响。这就是哲学家改变过去的办法。

那到底怎么改变对一件事的解释呢？奥秘在于，我们人类对事件的回忆有一个固定的模板，这个模板就是"故事"。我们人类在讲述过去的时候，都会把记忆变成一个又一个故事。

比如我们要跟爸爸妈妈讲一件在学校里发生的事，我们会怎么讲呢？会不会像计算机统计数据那样，把当时所有的信息都一股脑交代给爸爸妈妈呢？我们不会这么对爸爸妈妈说："我要跟你们说一件学校里发生的事。当时教室里有多少个人，坐在第一排第一个位置上的是谁谁谁；坐在第二排第二个位置上的是谁谁谁……在上午几点几分的时候，教室里的每一个人都在做什么。一分钟后，每个人都在做什么，又过了一分钟后，每个人都在做什么……"

其实从理论上说，这么描述一件事是最客观、最全面、最准确的，我们把整个教室里发生的所有信息全都告诉爸爸妈妈了。但是在现实中没有人会这么说话。我们要交代一件事，一定会把要讲的内容编辑成一个故事，这个故事不仅要有主线，还要有前因后果。比如我们会这么说："我跟你们说一件事，我们班有一个同学，他做了什么什么，结果另一个同学急了，就怎么怎么样。然后老师是怎么处理的。最后这事的结果是什么。"——在这段故事里，原来教室里的很多信息被我们忽略掉了。我们只从回忆中抽出来几个片段，把它们编织成一个故事。有的情节被我们突出了，有的情节被我们忽略了。我们只有这么讲，别人才能理解教室里到底发生了什么。

因为讲故事一定要筛选内容，有所侧重，所以同一段回忆，我们讲的方式不一样，它给我们留下的印象也就完全不一样。

比如四大名著中的另一部《西游记》讲的是师徒取经的故事。我们可以把它讲成一个喜剧故事，讲述孙悟空如何戏弄妖精、降妖除魔。也

怎么改变过去？

可以讲成一个励志故事，讲述唐僧历经十万八千里，不畏艰险，终得正果。也可以把它讲成一个悲剧故事，讲述追求自由的孙悟空最终还是戴上了束缚自己的紧箍咒。总之，同样的故事换一个讲法就有完全不同的效果。

我们的记忆也是这样。我们把一件事讲成不同的故事，就可以改变这件事在我心中的印象。

举个例子，假设有一天，我到了学校才发现自己的裤子穿反了。有些同学嘲笑我，指着我的裤子大叫："你瞧！他的裤子是反的！"这引起了其他同学的围观，还有人放声大笑——这事多丢人啊！以后我每次一想起这件事，都难受得不得了。我想改变这段过去，怎么做呢？只要我改变讲述故事的方式就可以了。

比如，我们可以讲成一个很悲观的故事。在这个悲剧故事里，开头要强调我们对人生的期待和努力，把受挫折的情节安排在故事的结尾，强调我们被命运打败了，并意识到命运是不可战胜的。于是这个故事可以讲成这样："我这个人最要强，最怕别人笑话我。所以我每件事都要做到最好，不能让人瞧不起！结果没想到，

我千小心万小心，怎么能连裤子都穿反呢？我连这种小事都做不到，我这人还能干成什么事？完了，我这辈子完了！我在别人心里就永远是一个穿反裤子的人，我会被人嘲笑一辈子！"

这就是一个悲观的故事。

但是同样的事件，还可以变成一个励志故事。励志故事的核心是"我遇到的所有经历都是为了最后的成功做准备"。要讲这个故事，我们就要把这段不开心的回忆放到故事的中间。可以这么讲："我知道人生从来不会是一帆风顺的，我做好了迎接各种挑战的准备。果然，今天我体会到被嘲笑的滋味。这种感觉真难受，但是我挺过来了。下次如果再遇到类似的情况，我就有心理准备了，我因此变得更加强大。经过这次伤害，我好比在身上多了一副铠甲。我做好了准备，可以迎接更大的挑战。"这就是一个励志的故事。

还可以讲成喜剧的故事。喜剧的技巧是意外——本来认为应该这样，结果那样了。所以这个故事可以这么讲："我这粗心劲儿连我自己都服了。今天早晨起来，我本来自我感觉特别良好，神采奕奕地上

怎么改变过去？

学去了。一路上有好多人看我，我以为是因为我帅呢。结果到学校里，好些同学朝我乐。越乐我心里越发毛，我也不能帅成这样啊？结果我低头一看：好家伙，原来是我裤子穿反了！我就说嘛，这么多人看我肯定没好事儿！你看我这糊涂劲儿，我拿我自个儿都没辙。"这就是个有自嘲味道的喜剧故事。

　　重讲故事，这就是改变过去的方法。在坏人手里，这种方法可以用来歪曲事实、逃避责任；但如果一件事没有危害别人，仅仅伤害了我们自己的心灵，那我们就可以放心大胆地重讲它。历史学家通过讲故事塑造了历史，我们也能通过讲故事重新塑造自己。

25

怎么面对
不可预知的未来？

怎么面对不可预知的未来?

我们知道了怎么改变过去,那么怎么面对未来呢?

"未来"给我们带来的问题和"过去"相反,"未来"的问题不是不能改变,而是太容易改变了。因为太容易改变,所以它有着巨大的不确定性,不确定性会给我们带来不安全感,带来焦虑和恐惧。

想象一下,你正驾着一艘小船驶向大海。面前的大海宽广无边,不知道隐藏着多少危险。你因此心中忐忑不安,但是小船又不得不驶向大海的深处。这时你会怎么办呢?

一般人能想到的,是努力加固船体,磨炼驾船技术,尽可能把航海的风险降到最小。——这正是我们在焦虑未来时,首先可以做的。我们用一切努力尽量降低未来的风险:锻炼身体、学习知识、积累财富、拓展社会关系。这就是为什么我们要好好学习,因为在不确定的未来中,知识和技能是最稳定的东西。

但是，小船终究是小船，再强大也不可能对抗一切风浪，总有被摧毁的危险。如果你因此总是惴惴不安，那应该怎么办呢？

哲学家大致有两种思路。第一种思路是：只有关注不可控制的事我们才会焦虑，话又说回来，既然不可控制，那为什么要关注呢？反正关注也没有用，还不如只关注自己能控制的事，自然就不会焦虑了。

这正是我们普通人对抗焦虑的办法。很多人在减压放松的时候，喜欢做一些简单的、绝对有把握的事，比如打扫房间、拼图、做十字绣、看动画片、玩难度低的电子游戏。做这些可控的事可以给我们带来安全感。

古希腊有一个哲学流派叫"斯多葛主义"，他们主张把我们要面对的事情分成两种："我能控制的"和"我不能控制的"。我们应该把全部精力放在我们能控制的事情上，在这个领域全力以赴；对于我们不能控制的事情则不抱任何期待。

比如我明天即将上台演讲，我十分恐慌，害怕忘词，害怕被观众嘲笑。斯多葛主义者会说，在演讲这件事里，我能控制的是尽量做好准备，上台全力发挥。而"演讲成功，观众很喜欢我"这件事是我不能控制的，我不能期待自己一定成功，只能抱着"你们爱嘲笑就嘲笑，我控制不了"的态度。换句话说，如果我因为即将到来的演讲而惶恐不安，斯多葛主义者会对我说："你现在要么好好复习讲稿，要么抓紧时间休息。把眼前能办的事办了，别的想再多也没有用。"

怎么面对不可预知的未来？

> 你现在要么好好复习讲稿，要么抓紧时间休息。把眼前能办的事办了，别的想再多也没有用。

斯多葛主义对这种心态有一个生动的比喻：这就好比弓箭手要参加射箭比赛，他能做的是在比赛之前勤奋练习，在射箭的时候集中精力、认真瞄准，而在手放开弓弦的那一瞬间，后面的事情就不是他能控制的了，任由弓箭自己爱射到哪儿就射到哪儿。在这个比喻里，最妙的就是弓箭手松开弓弦的那个"放手"时的感觉。我们对于自己不能控制的事情，就要把手松开，任它离弦而去。

如果我们能把斯多葛主义的主张运用到极点，那我们就不会期待任何不能控制的事，也就不会感到焦虑了。用斯多葛哲学家爱比克泰德的话说："如果你拒绝参加任何可能输掉的争斗，你就不会输掉任何一场争斗。"我们在精神上就无敌了。

刚才,我们把人生比喻成驶向未知水域的小船,一般人的做法是尽全力保持船只平衡,剩下的只能听凭命运的安排,也就是俗话说的"尽人事,听天命"。斯多葛主义的主张类似,但是建议我们把全部的注意力都放在驾驶船的技巧上,不去想即将到来的惊涛骇浪,因为想也没有用。

中国哲学家庄子有另一种思路。庄子认为:我们应该松开驾驶小船的手,因为我们根本控制不了小船。实际上,世界上任何东西都是无法被控制的,万物总是处在不断变化中。但这没什么不好的——如果万事万物永远都会变,就没有什么事物会被人永远拥有,那也就没有什么事情值得我们争抢,值得我们焦虑了。

"眼看他起朱楼,眼看他宴宾客,眼看他楼塌了!"很多诗人都有类似的感叹,当年那些帝王将相坐拥四海,好像天下都是他们的。现在呢?亭台楼阁还在,山川明月依旧在,但是那些帝王将相早已化为尘土。这些亭台楼阁、山川明月还属于他们吗?黄金在地球上能存在几十亿年,以它为参照,人类的生命比一刹那还短暂。在黄金看来,人类在宇宙中只存在了一瞬间,竟然还大言不惭地说:"我拥有这块黄金,我是它的主人!"这多可笑呀。

在万物不停变化的世界里,我们怎么能狂妄到认为自己能"拥有"什么东西呢?既然不存在"拥有",那又何谈"失去"?既然不存在"拥

怎么面对不可预知的未来?

有"和"失去",那又有什么好担心的呢?所以庄子对生活的态度是"安时而处顺",就是不争不抢,安于变化。

你可能会问庄子:"既然一切都是会变化的,那有什么不变化的东西吗?"庄子会说"有啊",不会变化的就是"变化"这件事本身。"万事万物的变化"是永恒的,这是万物的本质。

好比有一个人,他这一辈子从儿童变成青年,从青年变成壮年,从壮年又变成老年。我们能说其中某一瞬间的状态是"本来的他"吗?他这一分钟是快乐的,下一分钟是悲伤的,上一次考试一百分,这一次考

> 呜呼!松开你的双手,让小船按照它的想法前进吧!因为世界上任何东西都是无法被控制的,万事万物都在不断变化中。

试六十一分,哪部分又是他"本来"的样子?在庄子看来,没有。这个人没有固定不变的属性,没有本来的样子。

我们身上的压力,有一部分来自对某个遥远目标的执着。比如有的人认为,我将来一定要考上好大学,一定要有一番事业,否则这辈子就白过了。但仔细想想,就算没有干一番事业,难道人生就彻底废掉,这辈子就不值得过了吗?当然不是。那为什么"考上一个好大学"或者"干一番事业"之类的目标,总会回荡在我们心中,给我们带来巨大的压力呢?那是因为,我们潜意识里认为"好的事业""好的学历""让别人高看一眼"之类的东西是我们"本来就应该有的",没有就不行,似乎我们没有得到这些东西,我们就不是我们了。但是庄子会说:"这世界上不存在'拥有'的概念,你不可能真正'拥有'某个身份。这个世界上也不存在一个'本来的你',没有什么目标是你一定要实现的。"换句话说,在我们的未来并没有一个固定不变的目标在等着我们。既然没有目标,也就不存在"成功"和"失败"了。

当然,我们依然可以把"考上一个好大学"或者"干一番事业"当成自己的目标,我们还是可以努力追求它们,但是不应该把它们变成枷锁。

我们可以把人生比喻成在一座森林里探险。在庄子看来,世界充满了变化,所以我们眼前的每一片树木、每一条路,都可能会变。这是一座会变化的魔法森林,我们有时会不知所措,不知道该向哪里前进。

怎么面对不可预知的未来？

"考上一个好大学""干一番事业"之类的目标，就好像是指引我们方向的灯，它们在森林的深处为我们指引方向，对我们说："到这里来，这里有你想要的生活。"

但是这个灯并不是我们唯一的方向。我们不能在这个灯上拴一条铁链，把铁链的另一头系在我们自己的身上。庄子告诉我们，我们的身上没有铁链，我们是自由的。人生不是一场竞技游戏，不是只有一个目标；人生应该像逛主题乐园，我们有事先想好的遥远目标，但是也可以随时偏离方向，去感兴趣的地方游荡。

㉖ 什么是幸福的生活？

什么是幸福的生活？

在上一篇中，我们讨论了如何不焦虑未来。假如人生是一艘驶向未知海域的小船，斯多葛主义的建议是，我们只关注眼前的小船，不去看未知的大海。这个方法确实有点用，但如果我们不仅焦虑未来，我们还欲求不满，那又该怎么办？

很多人都有遥远的期盼，认为经过某些努力，就可以得到巨大的快乐。这类期盼常常可以写成"等到将来×××了，我就可以×××了"的句式。比如："等到将来考上大学了，我就可以随便玩了""等到将来有钱了，我就可以不上班了"。这些遥远的"快乐"就好像深海中甜美的歌声，吸引我们不断从人生的小船上抬起头，遥望那未知的海域。可是，在深海中还有让我们焦虑的风险啊。于是对未来的期盼总会带来压力和焦虑，所以"考上大学"和"赚钱"本来是带来快乐的事，我们得到的却是沉重的压力。——本来想要的是快乐，结果换来的却是不快乐，这多矛盾呀！

有个很简单的解决办法。

如果我们想要的"快乐"就是"想玩什么就玩什么没人管""想买什么就买什么"这一类强烈的愉悦感，那我们其实不需要期待遥远的未来，有一个简单的办法，可以立刻体验类似的快乐。

我们现在就换上运动衣，到操场上跑步。一直跑一直跑，一直跑到两腿像灌铅一样沉重，一步都迈不动的时候，想象有一个人在我们的身后挥舞着教鞭大喊："不许停！再跑400米！"在恐惧下，我们不得不迈出脚步。等我们好不容易跑完400米，已经累得实在不行了，想象中的那个人又挥舞起教鞭："再跑400米！"如此一直不断地跑下去，直到筋疲力尽，一步都挪不动。那人又举起教鞭，眼看就要挥下来："你再给我跑……不，不用跑了，可以休息了。"这一刻，我们就体验到了巨大的快乐。

我们在生活中经常可以遇见这种速成的快乐：顶着烈日走进空调房；干渴半天喝到第一口水；学校临时宣布提早放学，少了半天课。只要有足够的痛苦作铺垫，生活中的很多小事都能让我们感到巨大的快乐。甚至都不需要身体吃苦，心中想象痛苦也有这种效果：比如读几本描写饥饿的经典小说。沉浸在小说氛围里，我们能感觉到对食物的极端渴望。甚至读到一半时，会迫不及待地站起来找吃的。而且不需要吃什么高级食物，哪怕只是把一块馒头放到嘴里，都会觉得这是人间最快乐的事。等从书中的世界里走出来，回到现实世界，我们会惊喜地发现自己的生活竟然这么幸福：吃的、穿的、用的应有尽有，每一件都是书里的人苦求不得的珍宝。书中人穷尽一切手段、付出一切代价都吃不到嘴的食物，我们立刻就可以吃到，而且还可以变着花样儿地吃，挑三拣四地吃。这就是千金难买的幸福，此刻已经别无所求了。

又比如我们欣赏战争题材的电影，会觉得能在一个安全的地方生活，不用担心随时可能出现的炮火，每天都能见到家人，这就是无比的幸福。我们甚至会奇怪几个小时之前的自己为什么要对生活不满意呢？能吃饱、能穿暖，这不已经幸福到极点了吗？

可是刚明白这个道理不久，我们很快就把这些幸福的感觉忘掉了。我们又开始觉得生活里有好多不如意的地方，既想要这个，又想要那个，需要实现好多愿望才能重新快乐。等好不容易满足愿望，心满意足一段时间后，又觉得这些愿望也就是那么回事，我们又需要别的东西了。

为什么会出现这种情况呢？在有的哲学家看来，这是因为我们混淆了"快乐"和"幸福"。简单地说，快乐大多和感官刺激有关，感官容易疲劳，所以快乐是短暂的，刺激过后还需要更强的刺激。幸福不同，它能在快乐之外给予我们意义感和满足感，所以更持久。比如，吃喝玩乐、看动画片、去游乐场，这些是快乐；度过了一个充实美好的暑假，每当回想起这个夏天心里都是美滋滋的，这是幸福。

所以快乐不能代替幸福。当代哲学家陈嘉映老师举过一个例子。大意是，《西游记》里的唐僧、孙悟空、猪八戒和沙和尚四人，他们在生活中谁最快乐？答案是猪八戒，他最贪图享乐。但是我们愿意成为谁呢？大多数人更愿意做孙悟空。这就是说，大多数人不愿意只追求快乐，人生还需要快乐之外的东西。用当代哲学家赵汀阳老师的话说，一个人可以为了幸福放弃一些快乐，但没有人会为了快乐去放弃幸福。

于是我们有了关于幸福的第一个心得：幸福不等于快乐，除了快乐，我们还需要更持久的幸福感。

那这种幸福感到底是什么呢？人生观不同，答案也会不同。对于理想主义者，实现理想的时候会感到幸福；对于热爱家庭的人，和家人相伴的时候会感到幸福。我们在不同的人生阶段，答案也会不一样。对于孩童来说，拉着妈妈的手蹦蹦跳跳地走路就很幸福；对于老人来说，能在某个秋日午后静静感受阳光就很幸福。

哲学家们也有各种不同的答案。有一位古希腊哲学家的观点很值得参考，他叫"伊壁鸠鲁"，他创立的学派被人叫作"享乐主义"。看这名字就知道，这个学派研究的是人如何才能更快乐、更幸福。伊壁鸠鲁认为，欲望的快乐是暂时的，所以不值得追求。真正能让人幸福的条件有两个：身体上的无痛苦和精神上的不受干扰。我们可以把它总结成"身体健康"和"内心宁静"。

孔子也是这么想的。孔子喜欢的生活场景之一，是到了春天的时候

💡 什么是幸福的生活？

和朋友一起在河里洗澡。洗完之后，在春风里一起唱着歌回家。

在这个场景里，第一个美好的地方是身体上的舒适。古人冬天没有暖气，洗澡是很麻烦的事。过了整整一个冬天，身上总是脏兮兮的，多难受啊。终于盼来了春天，在天气最晴朗的时候痛痛快快洗一个澡，那可真是太舒服了。

这个场景的第二个快乐，是和好朋友一起唱歌。好朋友是跟我们志同

道合、让我们精神放松的人。和好朋友在一起，我们就可以保持精神上的松弛和宁静。

孔子喜欢的这个场景，也可以总结成"身体健康"和"内心宁静"。

古希腊和春秋战国的哲学各自独立发展，但是孔子和伊壁鸠鲁喜欢的生活却能不谋而合，说明这个答案应该是人类共通的选择。唐代以后，中国出现了一个叫"禅学"的哲学流派，其中有一位哲学家用一首诗描述了他理想中的生活："春有百花秋有月，夏有凉风冬有雪。若无闲事挂心头，便是人间好时节。"前两句说的就是身体和环境的舒适，第三句说的就是内心的宁静。类似的说法，在其他的哲学家和艺术家的笔下层出不穷。

如果我们认同这个答案，那得到幸福的生活就不是难事。保持健康的生活习惯，勤奋锻炼，规律作息，就会得到身体上的舒适——从物质条件上讲，无论如何我们也会比古人更舒适吧？兴趣广泛、待人和善，热爱阅读，不断扩展精神世界的深度和广度，找到属于自己的精神角落，那就可以得到心灵的宁静。能做到这几点，基本上就可以实现孔子和伊壁鸠鲁的幸福了。

其实，你多半已经体会过这种幸福了。在我们过去的人生里，已经有很多次体会过身体的舒适和心情的放松，但是有的时候，我们会被眼前的欲望和烦恼蒙蔽，忘记了此时正身处幸福之中。本来是轻松闲适的一天，我们心中却只想着那些没有满足的愿望，焦虑着不存在的危险，

什么是幸福的生活？

对眼前的幸福视而不见。所以几乎所有的哲学家都反对欲望、贪婪和嫉妒，几乎所有哲学家都提示我们关注眼前的生活，从此时此刻的处境里发现美好的东西。有时我们只要换一个视角观察世界，就可以得到一瞬间的幸福。

㉗ 应该追求不切实际的梦想吗?

应该追求不切实际的梦想吗？

我们在小时候，常常听到别人说"大胆追求你的梦想"。在动画片里，"追求梦想"属于绝对正确的标签。凡是选择"追求梦想"的角色，要么最后成功，要么得到了比梦想更好的东西，反正追求梦想肯定没有错。而且这梦想还得是越大越好，越不切实际越好，你要是光梦想考个好学校，在动画片里都不好意思跟人打招呼。

问题是，这个逻辑在现实里依旧成立吗？如果我们想在现实中去追求一个不切实际的梦想，比如当宇航员、当探险家、当亚马孙森林的守护者，等等。如果我们年龄还小，那大人还会鼓励一下我们，但等到我们上了高中、大学，真正开始选择人生道路的时候，如果还提出这样的梦想，那有些大人就会说："你岁数不小了，应该脚踏实地，换一个现实点的想法。去找一个好工作，买一间大房子，过上安稳的生活。"当然，大人的出发点是为我们好。问题是，我们应该听大人的话吗？

不如换个角度来看这事。如果爸爸妈妈有不切实际的梦想，我们会怎么办？假设有一天，爸爸或者妈妈突然对我们说："我们决定了，从今天开始我们要去追逐梦想，要去做宇航员！"然后他们辞职不工作了，每天早晨八点准时起来去游乐场坐过山车锻炼自己。每天都被过山车颠得七荤八素，但他们还是不放弃，因为"每个人都要坚持自己的梦想"。

面对这样的爸爸妈妈，我们会怎么想呢？我们不会把这件事简单地想成"人要不要追求梦想"的选择题。因为这件事离我们太近了，会直接影响生活。我们会立刻想到很多现实问题：爸爸妈妈不工作了，家里就没有收入了，那全家怎么生活呢？我要上学、家里人要吃饭，如果有一天家里没钱了，那该怎么办呢？再说，他们实现梦想的概率也太低了吧？航天员都是万里挑一的精英人才，他们这时候努力已经晚了吧？这所谓的梦想根本就是胡闹嘛。

这就是家长面对我们梦想的反应。家长的脑海中也会冒出一大堆问题，这些问题都可以归结成一个词——现实的重力。

我们的人生好比在大地上行走。小时候，我们是被爸爸妈妈抱着前进的，爸爸妈妈把这个世界上最美好的东西展现给我们。他们指着天空，让我们看看天上的景色有多美。我们抬起头，看到天上一片一片白色的云彩，软绵绵的好像棉花糖一样。我们就想，如果这么一跳能跳到天上去，躺在云彩里，那该多舒服啊。这个念头，就是我们小时候藏在心里的那些遥远的梦想。

应该追求不切实际的梦想吗?

后来我们长大了一点,开始在人生的道路上自己行走了。我们没有忘记心中的梦想,我们朝着天空使劲跳了一下。结果发现当我们跳起来的时候,会有一股力量把我们拉回地面,让我们狠狠地落在地上。这股力量就是"现实的重力"。

因为它名为"现实",所以当我们坐在舒服的椅子里,在头脑中勾画梦想的时候,我们感受不到它。只有在现实中真正开始行动,现实的重力才会出现。所以我们计划未来的时候常常过度自信,认为好多事自己都能轻易做到:我能每天跑多少千米,我能每天早晨起来背单词。而等到真的开始跑步、开始早起了,我们才发现腿重得抬不动,眼皮沉得抬不起来。这些具体的痛苦,就是现实的重力。

所以家长才会劝说我们抛弃不切实际的梦想,因为我们要为此承受重力。我们要把遥远的梦想变成眼前一件件琐碎的生活难题,发会儿愁,解决一个,再发会儿愁,解决下一个。梦想不再是天上的云彩,而是沉重的脚步。所以很多大人放弃了梦想,每天只关注下一顿吃什么,明天上班要做什么,下礼拜去哪儿玩之类的平庸小事。因为

保持平庸是性价比最高的活法。

但是，如果我们一生中总是按照"性价比"去选择生活，那我们就活成了一台计算机。我们把自己的生活变成了一场跟随大多数人的模仿秀，还自诩为"脚踏实地"。可是人类最大的价值恰恰在于我们总拥有选择的自由，我们永远可以对大多数人说"不"。

所以这个世界上，有一些人明明知道实现梦想的代价，却依然不会放弃。孔子就是这样的人。孔子梦想能终结社会的混乱，建立一个完美的世界。在那个时代，这是一个不切实际的梦想，但是他从未放弃。《论语》借路人的嘴，说孔子这个人"知其不可为而为之"，意思是，孔子明明知道追求的目标实现不了，还非要去做。

这么做的代价很大。孔子如果放弃梦想，他可以当一个很大的官，一辈子享受荣华富贵。但他偏要放弃容易走的大路，选择走难行的小路。在古代，旅行是一件很辛苦的事，孔子花了很多时间在各个诸侯国之间奔走，经常吃闭门羹。他饿过肚子，被人追杀过。连孔子都说自己活得像一条"丧家狗"，非常落魄。

在我们今天看来，孔子的经历是个经典的励志故事，因为我们知道，孔子后来成了"万世师表"，成了古代中国人最大的偶像，所以他的一切付出都有了回报。但是当年吃苦的孔子不知道后来的事，他不知道自己的一生是成功的。孔子在临终前的几天还在感叹世道变坏，为此大哭一场，他是怀着不甘去世的。在这个世界上，还有很多像孔子一样为梦想付出一辈子的人，他们最后得到的都是彻底的失败，他们毫无建树，他们默默无闻。面对这样的未来，我们还愿意追求不切实际的梦想吗？我们有可能为梦想付出一生，被那些市侩的人笑话。被他们说我们无能，说我们废物，说我们没能力赚钱还假清高，说我们从小就是个怪孩子而且怪了一辈子。我们的所作所为也不会给这个世界带来什么影响，没有人会记得我们做过什么，我们对梦想的付出毫无意义。这些都是有可能发生的事。

这些也是现实的重力。你愿意接受它吗？

我们小的时候把梦想看成天上轻飘飘的云彩。等到长大后才发现，原来大多数人都站在地上，都是用脚一步一步走路的，因为飞起来太难了。有很大的可能，将来的我们也会隐身在人群里，和大多数人一样在地上慢慢挪动着脚步。但是我们永远可以做一件事——我们永远可以暂时停住脚步，抬起头，向天上寻找心中的那片白云。我们明明知道这个世界有重力，还是可以一次又一次地往上跳。我们知道跳起来很累，知道最后总会被重力狠狠地拉回到地上。但是在我们跳在半空中的零点几秒的时间里，我们和所有站在地面上的人都不一样。

在这零点几秒的时间里，我离开了大地，我对抗了平庸，我成了一个不平凡的人。

这，就是梦想的意义。

28 我是谁？

捣蛋鬼

我是谁？

你可能听说过所谓哲学的三个经典问题："我是谁？""我从哪里来？""我向哪里去？"这三个都是很难回答的大问题。在这本书的最后，我们依次来回答这三个问题。这次，咱们先来回答第一个问题："我是谁？"

这个问题似乎很好回答。比如现在有人突然问你："你是谁？"你会说："我是某某某啊。"这个"某某某"就是你的名字。

"我"就是"我的名字"，这是最简单的答案。可是仔细想想，其实人不等于他的名字呀。

假设一个坏魔法师在你的身上施了魔法，让曾经认识你的人都不知道你是谁了，一看见你，都是一脑袋问号："哎，这个人是谁啊？"

那么，你该怎么向他们介绍自己呢？

比如你早晨上学，走到学校门口被执勤的老师拦住："你是谁啊？"

你会怎么回答呢？你可以回答你的名字："我是某某某呀！"可是执勤老师还是很困惑，他就算知道了你的名字又能怎么样呢？他的职责是只允许自己学校的师生进入学校，所以你光说名字是没有用的。你得这么介绍自己："老师，我是咱们学校的学生啊。"还可以说得更具体一点："我是咱们学校几年级几班的学生。"这样老师才能明白：原来你是这个学校的学生，那你可以进学校。

这个"某某学校的学生"就是我们在面对老师时最重要的身份。用抽象一点的话说，这是另一个"我"，一个社会规则下的"我"。这是社会给我的身份，这个身份对应着一些权利和义务。

比如在学习这件事上，你的社会身份是"学生"。那么你对社会的义务就是学习。你可能听过大人对你说："你是学生，你的首要任务是学习！"这就是在强调你的社会义务。

作为学生，你还可以享受社会给你的权利。比如在很多公共场合，学生可以买到更便宜的票，甚至可以免费进入。如果遇到危险的事情，很多人也会优先保护学生。

再比如你在家里还有一个社会身份是"孩子"。有时候家长会说："大人的事，小孩别掺和。"这说的就是你作为"孩子"这个身份的义务：有些事情不应该过问。有时候老人心疼你，会说："哎呀，他还是个孩子，别要求那么多。"这里是说你作为"孩子"的权利，可以适当地撒娇、耍赖和被保护。

我是谁？

这说的是第一层的"我"，社会规则下的"我"。

光有这个社会规则下的"我"还不够。假设你中了坏魔法，大家都不认识你了。你回到家，敲开门，爸爸妈妈也认不出你了，问："你是谁啊？"这时你说自己的社会身份："我是你们的孩子。"假设爸爸妈妈接受这个说法了，说："哦，原来你是我的孩子啊。那么按照法律规定，我们有义务养你，你有义务听话。行，你进来吃饭吧。"

你觉得这样的生活可以接受吗？不行吧？感觉我们和爸爸妈妈的关系生硬冰冷，我们没法接受这样的生活。这是因为，你和爸爸妈妈之间不能光有社会关系，不能光谈权利和义务。你和爸爸妈妈是亲人，亲人之间要有感情。所以你不能光告诉爸爸妈妈你的社会身份，还得唤起他们对你的感情。比如，你可以打开手机，找到里面的照片和视频，对爸爸妈妈说："看，我是你们最爱的人啊。我们一起经历过好多好多快乐的事，我们一起欢笑过、争吵过，我们曾经在不开心的时候互相拥抱，也曾经在寒冷的冬夜里一起哆哆嗦嗦地钻进被窝，我是你们最爱的孩子啊。"

如果想让亲人知道我们是谁，需要唤起对方的记忆，让他们回忆起大家共同经历过的美好的事情。这就是第二个"我"，一个和亲友之间有感情联系的"我"。因为有了这个"我"，我才知道我在被别人关心，被人需要，被人爱。我们要塑造这个"我"，就要和爱的人一起经历尽可能多的事，尽可能留下美好的回忆。

这就是我们身上的第二个"我",在亲人眼中的"我"。

但是光有这些还不够。

有时我们会自己一个人待着,而且心里只想着自己。这个时候就不存在社会关系了,也没有我们和别人的感情。此时此刻,我们还会思考:"我到底是谁呢?我是一个什么人呢?"那这个"我是谁"应该怎么回答呢?

你可能会说,只有我自己一个人在场时,根本不需要向别人解释什么,所以这个问题很好回答:我就是我呗。我就是我的身体、我头脑中的一切想法,就是我现在这个样子,我就是我的全部,我还不知道自己是谁吗?

其实没有这么简单。因为我们的身体里住着不止一个"我"。苏格拉底认为,人类的内心好比是一个小人儿在驾驶一辆马车。驾驶车辆的小人儿是我们的理性。拉车的马是我们感情、欲望等内心冲动。小人儿和马经常会发生冲突。那么当小人儿和马的想法不一样的时

> 我就是我呗。我就是我的身体、我头脑中的一切想法,就是我现在这个样子,我就是我的全部,我还不知道自己是谁吗?

我是谁？

候，到底哪一个才是真正的"我"呢？

比如我们一冲动，和别人吵架了。事后我们非常后悔，我们会说："我也不想这样。刚才的我不是真正的我。"这就好比说，在前一刻，我们心里的小马到处撒欢，想做什么就做什么。小马心想："这才是真正的我，好开心啊。"结果下一刻，我们心里的小人儿把小马使劲拉住了，说："刚才不算数，那都是小马干的事，那并不是真正的我。现在我控制的才是真正的我。"那到底哪个才是真正的"我"呢？

对此，哲学家们也没有统一的答案。有的哲学家认为理性的小人儿是真正的我——思考"我是谁"这个问题，这件事本身就属于理性思维嘛。也有的哲学家认为"冲动的我"才是真正的我。比如一个人平时被各种规矩、压力束缚得喘不过气，好不容易有一个机会可以放纵自己，想哭就哭，想笑就笑，他会感叹说："啊，我终于做回真正的自己了！"

老子、庄子等哲学家则认为，小人儿和小马都不是真正的"我"。这个世界上根本就没有"我"。你看世界上的万事万物——身边的花朵、树上的鸟儿还有天边云彩——它们都没有自我意识，都不知道自己是谁。这才是世界本来的样子，这是最好的、永恒的状态。所以我们应该抛弃"我"这个概念，不分辨"我"和万物的区别，体验自己和宇宙万物合一的感觉。虽然这类说法比较玄妙，但是我们在欣赏艺术、挑战极限、专心致志突破难题的时候，可以体验到类似的感觉。

总之，我们可以在自己的身上找到好几个不同的"我"。我们可以把自己看成一颗洋葱，从里到外有好多层皮。最外面一层是社会规则下的"我"。下面的一层是和亲人有感情联系的"我"，再里面的一层是扪心自问的"我"。

最后，你可以试试下面这个思想实验。假设你确诊了失忆症，在一个月后，你会彻底忘记关于自己的一切。于是你要把关于自己的内容尽可能记下来，告诉未来的自己我到底是一个什么样的人。那么，你会对未来的自己说什么呢？如果你只有五分钟，只能说上一小段话，那你会说什么呢？

㉙ 我从哪里来?

我从哪里来?

这次来聊一聊"哲学三问"的第二个问题:"我从哪里来?"

回答这个问题前,先来做一个思想实验吧。有一群外星人来到地球附近,他们想收集关于地球的情报。于是把我抓到了他们的宇宙飞船里。外星人想通过研究我,知道地球的过去都发生了什么。假设你是外星人,你会怎么研究我呢?

首先,最容易的,你可以从眼前的事物开始研究。你可以打量我的外观,看看我穿了什么衣服。比如,如果我身上穿着的是睡衣,还打着哈欠,揉着眼睛。那你可以推测出我是从被窝里被外星人抓走的。在几分钟前,我还在睡觉。

这样,你就知道了我几分钟前的历史。

还能不能考察出更早一点儿的情报呢?

当然可以。你还可以再抓几个我的同学或者同事来,通过比较,你会发现我身上的一些个人偏好。比如，为什么我喜欢吃米饭但不喜欢吃馒头？为什么我喜欢读书但不喜欢运动？我会告诉你，这和我小时候的生活环境有关。生活环境影响了我的饮食习惯，影响了我的个人兴趣。这样，你通过观察我的个人偏好，可以观察到我小时候发生过什么。

还能不能考察出更早一点儿的情报呢？

还可以。你可以和我聊天，聊着聊着，发现我有一些独特的习俗。比如，我说话比较客气，提要求的时候也比较委婉。你问我："为什么上次抓了一个美国人，那位美国人说话就直来直去呢？"我解释说："这可能是因为我是中国人，中国古代是一个农业社会，社会秩序要靠'礼仪'来维持。我小时候受到社会的影响，养成了说话客气、委婉的习惯。"

——现在，你不仅仅了解了我个人的历史，还了解了中华文明几千年的历史。

还能不能考察出更早一点儿的情报呢？

还可以。你可以继续观察我，比如把我关在禁闭室里，会发现我怕黑，怕陌生环境，关了灯就紧张，躲在角落里才有安全感；一被吓唬就瞪大眼睛，一高兴就手舞足蹈。这些习惯都是人类的生理本能，它们可以追溯到人类诞生的时代，追溯到几十万年甚至上百万年前。我的身上还有着上百万年前的痕迹。

现在可以回答一开始的问题了——"我"从哪里来呢？

我从哪里来？

"我"不是从一个地方来的。"我"要分成好几部分，一部分的"我"是从几分钟前来的；一部分的"我"是从我的家庭、我小时候的生活环境里来的；有一部分习俗从过去几千年的文化历史里来的；还有一部分本能是在上百万年前诞生的。

我们可以把这些"我"的关系想象成一幅画。这幅画的最下面，是一个巨大的猩猩，代表着我们动物的、本能的一面。

往上一层，是历史文化。具体而言可以分成两部分，一部分是我们的传统文化，我们尊敬长辈、重视家庭、勤奋节俭的观念都是从这部分来的。于是我们可以画一位孔子作为代表。历史文化的另一部分是人人平等、尊重逻辑、相信理性、希望人类能不断进步等思想，这部分思想有些来自启蒙运动，有些可以上溯到古希腊时期。于是我们画一位古希腊的哲学家苏格拉底当代表。

现在，我们的画里有两层，最下面是大猩猩，第二层是孔子和苏格拉底，还有第三层。第三层画的是我们的父母长辈、亲朋好友、我最喜欢的明星偶像，他们代表着生活环境对我的影响。其中父母的体形最大，因为一般而言，父母对我们的影响要比其他人更大。在我们成年以后，往往会在无意中重复父母的性格、表情和动作。

最后是第四层，也就是最上面一层，我们要画一个睿智的小人儿。戴着眼镜，皱紧眉头，一手拿着书本，一手指着前进的方向。这代表着我们心里的"理性小人儿"，他通过理性的思考决定我们应该去做什么。

他试图指挥我们，但是下面的那些猩猩和人类，他们按照自己的喜好向各个方向自行前进，搞得我们整个人都扭来扭去的。这就是我们内心的纠结和矛盾，甚至有时会让我们非常痛苦。

我们如果能够更好地了解下面的那些小人儿，就更容易改变和原谅自己。为此，我们要更多地了解爸爸妈妈。一般是在高中或者大学以后，我们对大人世界的了解越来越多，知道了别人的爸爸妈妈是什么样的。有了比较，我们就能从更平等、更客观的角度了解父母。逐渐体会到他们也是普通人，有普通人的缺点，也有普通人的难处。有些我们习以为常的东西可能只是爸爸妈妈的个人偏好，我们不一定非要接受它。

- 大头像妈妈
- 单眼皮像奶奶
- 黄皮肤
- 爱吃大米
- 腿短像爸爸

💡 我从哪里来？

  同样的道理，我们也要学历史。在历史中，我们读到的不是掩埋在时间灰烬下的过去，我们读到的是此时此刻的自己。

  最后，还可以了解一点进化心理学，了解人类的本能和冲动。

  古希腊哲学家告诫我们要"认识你自己"。认识自己最好的办法，就是了解我们的过去，了解我们从哪里来。

30

我向哪里去?

💡 我向哪里去？

这次，我们来回答"哲学三问"的最后一个问题，也是最重要的问题："我向哪里去？"在我们人生迷茫、痛苦的时候，我们有时会忍不住问："人为什么活着？""人生的目的是什么？"这就是在问"我向哪里去？"这是关系到我们一生应该怎么过的大问题。

几乎所有人都面对过这个问题。很多人最终只是照搬别人的答案。别人告诉他人生的目的是什么，他就相信是什么。某个长辈、导师，某本书、某部电影告诉他人生该怎么活，他就觉得该怎么活。

其实别人告诉我们的答案毫无用处。哪怕是大哲学家告诉我们的答案也没有用。这就好像品尝美食，必须亲口去吃，才能知道食物真正的味道。哪怕是最顶级、最权威的美食家，用文字描述出的味道也是苍白无力的。"人为什么活着"的问题也是一样，必须我们亲自寻找答案，发自内心地相信这个答案。这样在我们遇到困难，面临人生选择的时候,这个答案才能帮上忙。

最简单的,我们可以用思想实验向自己追问答案。假设现在有一群外星人要把你抓走,带你离开地球,你不知道将要面临什么。你在地球上还剩一个小时,会用它来做什么呢?如果还剩一天,一个星期,又会做什么呢?

再比如,假设你中了一个邪恶的魔法,接下来度过的一整天将会永远重复,那你会选择做什么?

诸如此类的问题还有很多,都是要把我们放在一个极端的情景下,让我们选择自己想要的生活。当人生的选择就摆在我们面前,需要我们自己承担后果的时候,我们才可能找出真正的答案。

当然,短暂的思想实验无法代替认真的思考。认真思考的方法有很多,这里再讲两个简单的方法,一个是慢的方法,一个是快的方法。

先讲慢的方法。

哲学家们喜欢从最根本的角度思考问题。对于他们来说,要找到人生的目的,首先要搞清楚这个世界是什么样的。我们知道了世界的本质,知道了人类的本质,就知道了我作为一个人类,应该做什么、应该向哪里去。

比如古希腊的哲学家认为,人类最高贵的地方是拥有理性。甚至有的哲学家认为,这个世界的本质就是理性的。那么我们就应该学习哲学知识,进行哲学思考,丰富自己的理性,通过理性思考找到自己的人生

我向哪里去?

方向。苏格拉底就是用他的一生践行了这个目标。

比如中国古代的儒学家认为世界的本质是善,那我们就应该做一个儒家标准下的好人。具体而言,就是要做到"立德、立功、立言"——成为其他人的道德榜样,建立儒家理想世界,或者传播儒家思想。

还有的哲学家认为,历史在向一个美好的目标前进,它的前进任何人都不能阻止。那么我们就应该投身到这股历史大潮里,去顺应、推动历史前进,把自己变成宏大目标的一部分。

总而言之,要回答"我要向哪里去",先要花很多时间慢慢了解这个世界,再通过世界来了解自己。这里的世界就好像是一面镜子,我们

用什么样的眼光看它，我们在镜子中就会看见什么样的自己。

这是第一个方法，慢的方法。

接下来再说一个快的方法。这个方法的关键就在这个问题里——"我向哪里去？"你注意到了吗，这个问题其实是一个比喻，它把人生比喻成了一段旅程。我们好像正在完成一段旅程，要走到什么地方去，所以才会问"我应该向哪里去？"问题是，人生一定就是一段旅程吗？人生有很多种活法，谁说人生就一定是要前进，一定要到什么地方去呢？

有位叫乔治·莱考夫的学者发现，人类在认识世界时非常喜欢比喻。我们的语言里有很多抽象的概念，这些概念我们看不见、摸不着，没有办法直接理解。我们只有把这些概念比喻成日常生活里看得见、摸得着的东西，才能理解它。比方说，"人生"这个东西太复杂了，没法用一句话说清楚。于是有人就用旅行来比喻人生。我们熟悉旅行，知道要完成一段旅行需要有起点、旅客和终点，所以我们才会问："我是谁？""我从哪里来？""我向哪里去？"

重要的是，我们使用的比喻决定了我们怎么看待这件事。当我们把人生比喻成旅行，我们就会去关心旅行的终点在哪里。如果换成别的比喻，我们关注的重点就会不一样。

比如说，很多人喜欢把人生比喻成舞台，哲学家罗素和文学家莎士比亚都用过这个比喻。如果把人生比喻成舞台，那么我们就是在舞台上

我向哪里去？

的演员。那对于人生，我们就要回答这么几个问题：我扮演的是什么角色？我在表演给谁看？我表演的内容是什么？演出成功的标准是什么？

举个例子，我们在人生的很多阶段都想向某个人证明自己。我们小时候，希望大人承认我们、表扬我们。大了一点，希望同学和朋友喜欢我们。再大一点，我们希望这个社会认同我们。那这些大人、同学、朋友和社会，就是我们表演的观众。我们总想把自己最好的一面展示给他们看。然而他们有在认真看吗？如果认真看，他们想看的是什么呢？就算我们表演出来了，这值得吗？再说我们一定要表演给他们看吗？也许我们自己才是最重要的观众，我们只需要表演给自己看就行？

总之我们会发现，把人生比喻成舞台会引出一大堆新的问题。

当然人生也不一定是舞台。古罗马哲学家奥勒留就把人生比喻成战场。那么我们就要思考，我们的人生都要和谁战斗，我们在为了什么战斗，我们怎么才能获胜。

还有人把人生比喻成欣赏风光的旅

行，重点不是赶到目的地，而是欣赏沿途的风景。那么有什么风景值得看呢？如果沿途的风景不够精彩，我们是该抱怨运气不好，还是在平凡的景色中寻找值得欣赏的东西呢？如果好看的风景一晃而过，我们该用什么样的心情对待呢？

还有的中国哲学家把人生比喻成自然的一部分，比喻成春天的草。小草没有办法决定自己的命运，只能随着自然规律生长和消逝。接受这个比喻的人生就应该安于变化，顺其自然。

还有前面介绍过的哲学家爱比克泰德把人生比喻成宴席，我们应该注意在宴席上的礼仪，专心享受传递到面前的食物，但是不要贪图已经被传走的菜肴。

我向哪里去？

还有些哲学家，比如庄子，把人生比喻成一场梦。既然是梦，那么人生的得失成败就根本不重要了。

还有好多其他的比喻。这些比喻可以千变万化，选择了什么比喻，就决定了我们用什么样的眼光看待人生。所以我们的人生要向哪里去呢？其实不一定要向哪里去。我们不一定非要向着一个目标前进，我们可以原地踏步，可以满地打滚儿，可以躺下来看天上的白云，可以东张西望寻找说得来的伙伴。这是一个开放的问题。关键不是怎么回答人生的问题，而是怎么向人生提问。

这就是快的方法。我们通过更换不同的比喻，扩展对人生的看法。

你也许觉得寻找人生答案是一件很麻烦的事，所有的建议都是开放性的，没人能给我们确定的答案。可是我觉得，"人生的答案是未知数"是一件好事，意味着人生还有着无限可能性。就像著名学者吴晓东先生说的，当我们站在人生的岔路口面临选择的时候，"也许应当犹豫驻足那么片刻，然后再坚定地走上其中一条。人生最丰富也最生动的刹那也许就在犹豫徘徊的那一片刻，那是生命中悬而未决的时辰。这种犹豫也绝不是优柔寡断，而是体味人生的丰富性和多种可能性"。

所以尚未找到人生答案的你，是幸福的。

全书完

会思考的孩子

作者_林欣浩　　绘者_隋军

产品经理_张洵　杜雪　　产品统筹_周颖琪　　装帧设计_隋军　蔡彦斌

技术编辑_陈皮　　责任印制_梁拥军　　出品人_王誉

营销团队_张超　张舰文　谢昀廷

果麦
www.guomai.cn

以 微 小 的 力 量 推 动 文 明

图书在版编目（CIP）数据

会思考的孩子 / 林欣浩著；隋军绘. -- 昆明：晨光出版社，2025.3. -- ISBN 978-7-5715-2626-9

Ⅰ. B-49

中国国家版本馆CIP数据核字第202539PU78号

会思考的孩子
HUISIKAO DE HAIZI

林欣浩 著　隋军 绘

出 版 人	杨旭恒
责任编辑	魏　宾
特约编辑	张　迿　杜　雪
装帧设计	隋　军　蔡彦斌
责任校对	杨小彤
责任印制	廖颖坤
出版发行	晨光出版社
地　　址	昆明市环城西路609号新闻出版大楼
邮　　编	650034
电　　话	0871-64186745（发行部） 0871-64178927（互联网营销部）
法律顾问	云南上首律师事务所　杜晓秋
印　　装	河北鹏润印刷有限公司
经　　销	果麦文化传媒股份有限公司
版　　次	2025年3月第1版
印　　次	2025年3月第1次印刷
书　　号	978-7-5715-2626-9
开　　本	167mm×230mm　16开
印　　张	15.25
字　　数	146千
定　　价	68.00元

如发现印装质量问题，影响阅读，请联系 021-64386496 调换。